Claire Singer

TEUFEL

Gesamtproduktion: Paxmann/Teutsch Buchprojekte, München

Druck: Mladinska knjiga tiskarna d.d.
ISBN 3-85492-364-3

Claire Singer

TEUFEL

Entstehung, Mythos und Wirken des personifizierten Bösen

tosa

Inhalt

Vorwort

Wer ist dieser Teufel, woher kommt er, warum glauben wir an ihn? Im Gegensatz zum Hexenglauben, der fast überall auf der Welt zu finden ist und dessen Ursprünge in den uralten schamanischen Traditionen der weisen Frauen liegen, ist der Teufel ein Produkt bestimmter Kulturen, ja ganz bestimmter Religionen.

Bis heute haben die wenigen, von der modernen Zivilisation noch weitgehend unberührten Naturvölker, aber auch sämtliche asiatische Religionen den Teufel nicht in ihre kultischen Handlungen und in ihre Mystik integriert. Natürlich beseelen Dämonen und Geister ihre Glaubenswelt, doch niemals in einer solchen Absolutheit wie in der Inkarnation des Bösen – dem Teufel – dem Gegenspieler Gottes. Mit dieser Stellung des Teufels wird rasch deutlich, dass der Teufel den großen monotheistischen Religionen zuzuordnen ist. Er hat seinen Ursprung in der alttestamentarischen Historie, wird bildhaft im frühen Judentum und manifestiert sich dort, bis er schließlich seine mächtige Ausformung im Christentum erhält.
Einen ebenso festen und auch Furcht erregenden Platz hat er in der mohammedanischen Glaubenswelt. Somit hat der Teufelsglaube seine Wurzeln in den drei monotheistischen Weltreligionen: dem Judentum, dem Christentum und dem Islam. Was passiert mit der Figur des Teufels im Lauf der Zeit? Wie hat sich seine Persönlichkeit, die ja neusprachlich als virtuelle bezeichnet werden kann, entwickelt? Was haben die gläubigen Menschen und die Religionsvertreter in ihn hineininterpretiert? Wozu dient der düstere Geselle, der in Personalunion Verführer, Verderber, Hüter der Hölle, aber auch Meister der paranormalen Fähigkeiten ist? Warum braucht ein allmächtiger Gott einen Gegenspieler, den er auch noch selbst erschaffen hat?
Auf all diese Fragen versucht das Buch Antworten zu finden. Ein nicht ganz leichtes Unterfangen, haben doch theologischer Scharfsinn, geschichtliche Ereignisse und kulturelle Überhöhung dazu beigetragen, ein diffuses, dämonisches Bild zu schaffen, das sich so manch rationaler Er-

klärung entzieht. Gerade deshalb sollen kulturgeschichtliche, anthropologische und ethnologische Ansätze dazu beitragen, das Geheimnis des Teufels zu erhellen.
Darüber hinaus werden durch die chronologische Aufarbeitung des Teufelsglaubens Erklärungen gegeben, wofür die Figur des Teufels steht und welche Wichtigkeit sie im Denken der Menschen hatte und hat. Schließlich wird sein Wirken durch alle Zeiten hindurch bis in unsere Zeit kritisch beleuchtet, in der der Teufel neue Interpretation erfährt und zum Synonym für Diktaturen, widerstreitende Weltmächte, Sektenführer sowie Wirtschaftsimperialisten wird.
Das Buch über den Teufel ist nicht nur eine Beschäftigung mit den kultur- und religionshistorischen Quellen, sondern auch ein Abriss über die Mystifizierung des Bösen und Dunklen, über die Abgründe menschlichen Denkens und Handelns. Es ist damit auch eine Geschichte der Tiefenpsychologie, jener Disziplin, die dem Teufel schließlich den Platz zuweist, den er durch alle Jahrhunderte hindurch innehatte: die Schattenwelt der Seele!

Claire Singer

Wo fängt die Suche an?

Seit wann gibt es den Teufel? In welcher Zeit sind seine Ursprünge zu suchen und warum hat er bis heute solchen Erfolg? Was fasziniert uns an der mephistophelischen Figur so sehr, dass wir immer wieder versuchen, sein Wesen zu ergründen? Warum gibt es Völker, die sich bis heute seinem Einfluss entziehen? Der Teufel gibt uns mit seiner Existenz oder auch Nicht-Existenz Rätsel auf und beschäftigt weiterhin nicht nur die Religionswissenschaftler, sondern auch Ethnologen und Anthropologen. Er hat sich seinen Platz in unserem Denken, in unserer Sprache und auch in unserer Kunst gesichert und schafft es bis heute, diabolische Macht auszuüben.

Dämon, Schreckensgestalt oder Karikatur

Sowohl bei den archaischen Völkern als auch bei heutigen Naturvölkern, finden sich Darstellungen guter Gottheiten und Abbilder böser Geister. Doch niemals polarisiert das Böse in einer einzigen Furcht erregenden Gestalt, wenngleich manche Wissenschaftler in den dualistischen Schöpfungsgeschichten einiger Stämme Ähnlichkeiten, beziehungsweise Muster, zu dem monotheistischen Teufelsglauben sehen, z. B. in der Glaubenswelt der Irokesen, wo der Unheil bringende Kojote gegen den guten Silberfuchs kämpft. Oder in den zentralafrikanischen Bräuchen, wo der Mond das Böse und die Sonne das Gute repräsentiert. Ebenso in den sibirischen Schöpfungsmythen, deren Gottheiten Heil und Unheil zugleich bringen. Häufig wird der Gegenspieler des Guten in ein und derselben Tiergestalt gezeigt und bestätigt somit, dass auch das Dunkle Weltenschöpfer sein kann – der so genannte Demiurg. Das Böse ist also hier nie nur böse, sondern auch gut.

Den meisten Kindern begegnete und begegnet noch heute der Teufel in Form eines Erziehungsmittels. Besonders in katholischen Kreisen beherrscht der Teufel einen beachtlichen Teil der Angstszenarien, die man in jedem Menschen hervorrufen kann.

Der Teufel als Strafe

Nicht selten wird der Teufel herangezogen, um bereits kleinen Kindern Furcht vor einer unerklärbaren bösen Macht einzuflößen, z. B. durch Drohungen wie „na warte, da wird dich der Teufel holen“, „da kommt man in die Hölle“, „du Teufelsbraten“ – die Liste ließe sich beliebig verlängern. Man kann damit vielleicht Kinder einschüchtern, aber einem aufgeklärten Erwachsenen müssten sich doch Zweifel auftun, denn immer wieder käme er, wenn man den persönlichen Angstfaktor beiseite lässt, zu der Frage: Wer ist dieser Teufel, der sich zum Beispiel auf einen Handel mit Jesus in der Wüste einlassen will, wer ist diese Gestalt, die angeblich in dunklen Ritzen und Kellern sitzt und dabei der Unterwelt vorsteht, die all jene beherbergt, die zu Lebzeiten nicht gottgefällig gelebt haben? Wozu braucht ein allmächtiger, aufgeklärter Gott einen Gegenspieler? Muss er sich seine Güte und seine Allmacht immer wieder beweisen, müssen die Menschen immer wieder geprüft werden? Braucht er eine Verkörperung dessen, was als unverzeihlich gilt und somit so ganz unchristlich ist.
Welche der großen monotheistischen Weltreligionen man auch betrachtet, der Teufel präsentiert sich nirgends als das souveräne Wesen, als das man sich einen Gegenspieler Gottes vorstellen möchte. Er wird zwar Furcht erregend dargestellt, aber nur allzuoft wirkt er lächerlich in seiner Primitivität, archaisch in seinen lüsternen Bedürfnissen, und so manches Mal geradezu plakativ schlecht, dass er einer Karikatur nahe kommt. Dazu ein Beispiel: In der großen Zeit der Teufelsverfolgung, also zeitgleich zum

europaweiten Hexenmord des ausgehenden Mittelalters, wurde dem Teufel sämtliche Verderbtheit zugeschrieben. Die Inquisitionsgerichte unternahmen alles, um Teufelsbesessenheit zu beweisen, und unterstellten den erbarmungswürdigen Opfern sadistische, pornografische und grausame Eigenschaften. Nicht nur körperlich und geistig behinderte Menschen wurden Opfer der Verfolgung, sondern auch besonders gewitzte, geschäftstüchtige oder ganz und gar unauffällige, die denunziert worden waren. Was muss der Teufel für eine Figur sein, bei der Grausamkeit und Lächerlichkeit, Geisteswitz und Geschäftssinn, Gebrechlichkeit und Sexomanie so nahe zusammenliegen? Um die Besonderheit zu begreifen, die diese Ballung extremer menschlicher Fähigkeiten in einer Person darstellt, sollte man sich die Spiritualität der Naturvölker, aber auch der alten asiatischen Religionen genauer ansehen, die ganz andere Modelle bereithalten, mit Dämonisierung umzugehen und die ihren Mitgliedern weit mehr Verantwortung über ihre Schattengedanken zutrauen, als es eine vom Teufel geprägte Kultur zulässt.

Judas Ischariot hat Jesus verraten, dann erhängte er sich. Die Bestrafung seines schändlichen Verhaltens wird in der Kunst der Spätrenaissance häufig so dargestellt, dass der Höllenhüter Luzifer ihn auffrisst. Holzschnitt, um 1512.

Die wahren Hüter des Dämonischen waren und sind in manchen Gebieten bis heute die Schamanen. Sie sorgen dafür, dass das kosmische Gleichgewicht zwischen Zerstörung und Aufbau erhalten bleibt. Gewisse rituelle Handlungen besänftigen den Dualismus von Gut und Böse. So auch in der mesoamerikanischen Welt der Azteken, wo der Gott Tezcatlipoca den dunklen, unheilvollen Aspekt der Macht verkörpert. Er gilt als Zerstörer des Kosmos, sein Doppelgänger ist der Jaguar – die Jaguarmaske ist deshalb ein schamanisches Instrument der Maya-Medizinmänner. In den mongolischen Kulturen haben sich viele Einflüsse vermischt, und böse Geister können in Tiergestalt Unheil bringen. Sie sind durch rituelle Tänze und Kulthandlungen aber zu besänftigen. In vielen Völkern treten die Toten in Form von Dämonen auf, aber auch sie bringen nicht Verderben, sondern sind mit Verehrung zu behandeln und bilden das Gegenstück zu den guten Dämonen.

Religionen der Vorfahren

Über die Religiosität unserer Vorfahren wissen wir wenig. Funde und Ausgrabungen bestätigen eine Mythisierung des Alltagslebens, so zu sehen in den Opferstätten für eine erfolgreiche Jagd oder in den Grabbeigaben. Auch bestätigen die Funde voluminöser Frauenstatuetten (ca. 15 000 v. Chr.), den so genannten Venusfigurinen, dass es eine Verehrung der Weiblichkeit und der Fruchtbarkeit gab, aber sie überliefern uns nichts über das religiöse Denken unserer Vorfahren.

Sonne, Mond und Sterne

Mit Sicherheit hat auch eine Verehrung der Sonne, des Jahreslaufs und des Sonnenstands sowie der Gestirne stattgefunden. Das belegen Ausgrabungen auf der ganzen Welt und prähistorische Bauwerke, die am Stand der Sonne ausgerichtet waren, wie z. B. Stonehenge, jener kreisförmige Steinwall in England oder die Megalithen in der heutigen Bretagne sowie die Mayabauten in Südamerika. Die heiligen Stätten der Frühgeschichte richten sich nach dem Leben und huldigen dem Licht. Von einer dunklen Macht ist nichts überliefert, obwohl mit Sicherheit auch die damaligen Menschen nach Gründen für Katastrophen gesucht haben. Man vermutet, dass der Schwerpunkt der religiösen Praxis auf der Vorbeugung lag, also dem Voraussehen von Naturereignissen, um deren Gefahren zu erkennen und zu respektieren. Das Böse erschien wohl nicht personifiziert, sondern nur als Zeichen ungenügender Vorsicht und Achtung vor der Natur. Besonders seherisch begabte Mitglieder der Frühgesellschaften haben Kraftorte gespürt, haben mit Sicherheit versucht, schlechte Omen zu deuten oder Übel wollende Dämonen zu besänftigen. Genau wissen wir es nicht, auffallend ist nur, dass keine Zeichen überliefert sind, die auf ein absolutes Böses hinweisen. Und doch lassen sich Zeichen damaligen Denkens noch heute finden. Nun ist es sicher vermesssen, die heutigen Polynesier, Neuguineer oder Schwarzafrikaner mit den Stämmen der frühen Menschheitsgeschichte zu vergleichen. Dennoch haben sie sich aus mehreren

Gründen eine sehr urspüngliche Religiosität bewahrt, die durchaus als ein metaphysisches Bindeglied zu den Religionsquellen gesehen werden kann. Zum einen waren alle drei Gebiete bereits auch vor 40 000 Jahren besiedelt – Zentralafrika gilt jüngsten Entdeckungen zufolge als Wiege der Menschheit – allen drei Gebieten ist eine geografisch isolierte Lage gemeinsam und alle drei sind bis heute wenig von Einwanderungseinflüssen berührt. Somit ging ihre Religionsentwicklung weit weniger schnell voran als bei Handel treibenden Völkern. Ethnologen haben bei Parallelforschungen herausgefunden, dass diese Stämme zwar Dämonen kennen, welche durchaus auch für das Böse zuständig sind, aber immer auch ihre schöpferischen Seiten haben oder nie so grundböse sind, dass sie dauerhaft Angst und Schrecken verbreiten könnten. Das Gute überwiegt, das Lebenspendende und das Positive sind Programm, nicht das Dunkle, das, falls es doch existiert, gebannt werden kann. Eine überaus interessante Entdeckung, wenn man bedenkt, dass in weiten Teilen der Welt die Figur des Teufels Fuß fassen konnte und in anderen Teilen, neben den Naturvölkern auch in den buddhistischen, hinduistischen und taoistischen Kulturkreisen, nie eine Chance bekam, sich dort zu etablieren.

Eine der frühesten Darstellungen von menschlicher Kunst waren die steinzeitlichen Höhlenmalereien, die man in Südfrankreich fand. Die Schöpfer signierten ihre Jagd- und Tierdarstellungen mit ihrem Handabdruck, indem sie die Hand an die Höhlenwand hielten und mit Ruß die Umgegend schwärzten.

Links: Auch im Nildelta wurden frühzeitliche Jagdszenen gefunden, wie die beiden Signet artigen Figürchen auf der Seite gegenüber belegen.

Es begann in Indien

Denkt man an die Mythenwelt Asiens, so hat man es nicht mit einem Mythos sondern mit hunderten von religiösen Ausformungen zu tun. Alle beruhen auf facettenreichen Schöpfungsgeschichten und beherbergen einen Götterpantheon, der schicksalshaft miteinander verwoben ist. Asien, dieses heterogene Gemisch an Völkern, hat eine Kultur, die weit älter ist als die europäische und vorderasiatische. Das Gebiet dieser über ihre Religion verbundenen (lat. religare, „verbinden") Stämme zieht sich von der mongolischen Steppe bis zum Indischen Ozean.

In vielen Teile Asiens ist der Kopf Buddhas eine der häufigsten Darstellungen in der Kunst, sowohl als Bild, als auch als architektonisches Mittel, wie auch als Statue.

Das Land der großen Urreligion

Man muss mit einem ganz bestimmten Land beginnen, will man die Vorstellungswelt der asiatischen Religionen auch nur annähernd begreifen. In diesem Land entsteht eine Religion, die ihren Einfluss bis nach China und bis in den Nahen Osten ausweiten und damit auch zur Entstehung des Teufels beitragen wird. Gehen wir deshalb einige tausend Jahre zurück, in die Zeit vor 1500 v. Chr., in den großen und facettenreichen Subkontinent Indien! Bevor über die arischen Einwanderer der Vedismus zur großen indischen Urreligion wird, herrschten dort verschiedene Religionsformen. Über sie ist wenig bekannt, da sie mündlich überliefert wurden. Man nimmt an, dass die primitiv lebenden Stämme eine Muttergottheit anbeteten. Aber auch von der vedischen Kultur hat man keine Schriftstücke. Um 4000 v. Chr. setzt eine gewaltige Völkerwanderung ein. Aus dem Süden Russlands ziehen patriarchalisch strukturierte Horden, die so genannten Indogermanen, in das Gebiet des heutigen Irans und in den Norden und Süden Europas. Sie siedeln sich im Iran an und zwingen den dort bereits lebenden Stämmen ihre vedische Tradition auf. Die Religion wurde vom Adel getragen, Männerbünde feierten zu Ehren eines Göttertrios orgiastische Feste mit grausamen Tieropfern. Einer der angebeteten Götter war Ahriman, der Erlöser. Die Anhänger dieser Glaubensrichtung werden

Die Religion gab den Menschen die Kraft, aus den Felsen ungeheure Buddhastatuen zu meißeln.

Arier genannt. Als Handelsvolk dringen sie bis nach Indien vor und bringen ihre mündlich überlieferte vedische Religion mit, die auf fruchtbaren Boden fiel und die matriarchalische Religion Indiens entthronte. Die große Völkerwanderung der Indogermanen und Arier wird uns an anderer Stelle dieses Buches noch einmal begegnen, an der entscheidenden Schnittstelle von archaischem Religionverständnis hin zum Monotheismus.
In den Veden, der ältesten religiösen Literatursammlung der Inder (v. 1. Jt. v. Chr.), existiert ein Dualismus zwischen Gut und Böse, doch teilt er sich fließend zwischen den verschiedenen Gottheiten auf, auch kann eine Gottheit gut und böse zugleich sein. Von einem Teufel keine Spur! Schließlich erklärt der jüngste Teil der Veden, die Upanischaden (entstanden um 800 – 600 v. Chr.), das Wesen des Universums, Brahman, als unergründbar und das Sein als ewige Ganzheit. Beides ist eins und damit ist der Gedanke an einen Dualismus aufgehoben. Als um ca. 500 v. Chr. Handel, Wirtschaft und Gesellschaft so komplex werden, dass ein diffuses Religionsbild nicht mehr zeitgemäß ist und auch die einfachen Leute sich nach einer Halt gebenden Religion sehnen – man darf nicht vergessen, dass der Vedismus hauptsächlich von der Aristokratie getragen wird – ist die Zeit reif für eine Neuerung. Genau da erscheint Siddharta Gautama, der große buddhistische Religionsbegründer, auf der historischen Bühne. Er hat um 528 v. Chr. eine Erscheinung, die es ihm ermöglicht, den Gott des Todes zu besiegen, Ordnung in das unübersichtliche Götterchaos zu bringen und zu verkünden, dass durch Seelenwanderung jede Seele vollkommen werden kann. Der Teufel hat in diesem Konzept keinen Platz, denn der Dualismus ist aufgehoben. Interessanterweise ereignet sich eine religiöse Erneuerung zeitgleich im Iran und in China.

Siddharta Gautama, der sich später Buddha „Der Erwachte“ nannte, wurde 560 v. Chr. im heutigen Nepal als Sohn luxuriös lebender Aristokraten geboren. Mit 29 verließ er sein Zuhause, um Erlösung zu suchen. Nach sieben Jahren der Askese fand er sie durch Meditation unter einem Baum als er der Versuchung des Gottes des Todes Mara widerstand. Schließlich gründete er, nachdem ihm der Gott Brahma dazu geraten hatte, einen Orden und zog fortan lehrend durch Indien. Seiner Lehre nach ist alles im Fluss, alles wiederholt sich zyklisch. Ausgehend davon, dass der Geist krank ist, das Leben leidvoll, die Unwissenheit und Ursache aller Übel, aber alles durch den Weg des achtfachen Pfades überwunden werden kann, der für rechte Anschauung, Gesinnung und rechtes Handeln steht, schuf Buddha ein ethisches Gerüst, das bis heute von den gläubigen Buddhisten befolgt wird und das kein absolut Böses kennt.

Asien kommt ohne den Teufel aus

Aus dem Buddhismus haben sich der Hinduismus, Shaktismus, der Tantrismus, der Shivaismus, der Vulgär-Hinduismus und viele andere Strömungen entwickelt, die alle bis heute noch praktiziert werden. Dies genauer zu betrachten, würde den Rahmen dieses Buches bei weitem sprengen, dennoch ist allen gemeinsam: sie kennen den Teufel nicht und bevor wir zu der großen Religionsrevolution kommen, die zeitgleich zu Buddhas Erleuchtung den Teufel geboren hat, sollten wir noch einen Blick auf die anderen asiatischen Religionen werfen.

Sämtliche asiatische Religionen kommen bis heute ohne die Schreckensfigur des Teufels aus. Erlösung kann für jedermann im ewigen Stirb und Werde gefunden werden.

Dämonen, böse Geister, ja! Teufel, nein!

Während Buddha in Indien einen religionsgeschichtlichen Quantensprung machte, geschah etwas ganz ähnliches fast zeitgleich in China. Dieses riesige Reich hatte von 1700 bis 1000 v. Chr. verschiedene Herrscherdynastien erlebt. Die Religionsausübung wurde von den Kaisern diktiert, ebenso oblag ihnen die Entscheidung, was gut oder böse war. Es war eine archaische, blutrünstige Religion, die das Volk weitgehend der Gewalt ihrer irdischen Herrscher und deren Schamanen aussetzte und keine moralischen Hilfen bot. Den völlig willkürlichen Gepflogenheiten und Riten, die vor allem die Schamanen in den ländlichen Gegenden barbarisch praktizierten, trat um 600 v. Chr. ein großer, weiser Mann entgegen: Laotse. Er begründete den Taoismus (tao – der Weg). Genauso wie Laotse, den das Elend der unteren Schichten der Bevölkerung rührte, entwickelte nur wenige Jahre später eine andere große Persönlichkeit eine Philosophie, die darauf beruhte, die eigene Lebenskraft zu stärken und auszubauen. Der Mann, der von der Selbstheilung und Güte predigte – in einer Zeit da Nächstenliebe und Schutz der eigenen Seele noch gar kein Thema waren – hieß Konfuzius. In seiner Philosophie gibt es keinen übergeordneten Gott, demnach auch keinen Übel wollenden Gegenspieler.

Auch wenn in vielen religiösen Darstellungen des asiatischen Kulturraums teufelsähnliche Persönlichkeiten vorkommen, so handelt es sich doch in der Regel, wie in dieser Darstellung aus Thailand, um den Kampf guter und böser Dämonen.

Schließlich erreichte der Buddhismus im 3. Jh. v. Chr. China. Dort verschmolz er mit dem Taoismus und dem Konfuzianismus. Als der Buddhismus Japan erreichte, herrschte dort bereits der Shintoismus, eine Philosophie, die von außen nur schwer zu verstehen ist, da sie keine Dogmen, keine festen Rituale kennt, keine moralischen Regeln aufstellt und nur in verschlüsselten Sentenzen eine schriftliche Form findet. Jedoch existieren eine große Zahl widerstreitender guter und böser Geister, Drachen und Schlangen, die allerdings über eine begleitende und schmuckhafte Bedeutung nicht hinausgehen, eine Konzentration des Bösen erreichen diese wilden Geisterchen nie. Der Teufel sollte seine Geburtsstunde an einer anderen Stelle dieses riesigen Kontinents erleben.

Ein Beispiel, wie frühere Kulturen mit dunklen Gedanken umgingen, ist das tibetische Totenbuch. In ihm ist von einer Keulen schwingenden gelben Kauri, einer orangefarbenen, Eingeweide fressenden Rukka, einer Körper zerstückelnden Candali die Rede und das apokalyptische Szenario ließe sich mühelos fortsetzen. Doch wenn man dabei an Höllenvisionen denkt, liegt man falsch – sie sollen lediglich als Bilder oder als Illusionen der geistigen Entwicklung dienen.

Die Indogermanen als Kulturlieferant

Rund 4000 Jahre v. Chr. begann eine ethnische Entwicklung, die den Grundstein für unsere Kultur legte und die die meisten europäischen Sprachen prägte, vom Alt- bis zum Neuhochdeutschen, von Latein, Griechisch, Französisch, Englisch bis zu Armenisch, Norwegisch und Litauisch. Es war die große Völkerwanderung der Indogermanen, so genannt, da ihre Sprachen auf das Sanskrit zurückgingen.

In der Steppe Kasachstans fand man die Ritzzeichnung eines gehörnten Gottes. Sie ist wohl zu der Zeit entstanden als die, durch Männerbünde geführten, indogermanischen Völker eine der größten Kulturrevolutionen – die Völkerwanderung – in Gang setzten.

Ein Kontinent bewegt sich

Man muss sich riesige, wild johlende Reiterhorden vorstellen, die aus dem Süden Russlands kamen, jenem Gebiet zwischen Dnjepr- und Donezbecken, dem Wolgatal und der Steppe Kasachstans. Sie führten ihre Stämme in die grünen Ebenen des Iran bis zum Persischen Golf, aber auch in den Süden und Norden Europas. Am Ende ihrer rund 2000-jährigen Bewegung erreichten sie die britischen Inseln. Es muss ein Furcht erregender Anblick gewesen sein, wie die barbarischen Horden mit Kopfbedeckungen, die nur die Augen sehen ließen, ihre riesigen Trecks mit den Frauen und Kindern anführten. Diese „Kurgos", wie sie auch genannt wurden, nach dem russischen Wort für Grabhügel, denn in solchen bestatteten sie ihre Toten, sollten das Volk sein, aus dem die erste monotheistische Religion hervorging, die einen Teufel kannte. Man muss sie sich als stammesrechtlich organisiertes Volk vorstellen, dessen Fürst von einem Adligen-Rat kontrolliert wurde. Stark patriarchalisch orientiert, hatten sie ein funktionierendes, soziales Netz, sie kannten sehr früh Rad und Pflug, Ackerbau und Binnenschifffahrt. Rund 3000 bis 2000 v. Chr. vollbrachten sie eine zivilisatorische Glanzleistung und bauten befestigte Städte auf Hügeln, die von in die Erde gebauten Dörfern umgeben waren. Da sie militärisch, kulturell und auch merkantil so erfolgreich in den Gebieten des heutigen Iran wirken konnten, hat jedoch nicht allein mit ihrer bereits bestehenden Entwicklung zu tun, sondern, dass sie dort auf ein Gebiet stießen, das der Forschung nach bereits vor 100 000 Jahren besiedelt war. Auch die dort ansässige Bevölkerung hatte bereits einen hohen Entwicklungsstand erreicht als die Indogermanen die Herrschaft an sich rissen. Die Religion jener Indogermanen setzte sich aus eigenen Mythen und den Riten der überrannten Völker zusammen. So kannten sie bereits eine Unsterblichkeit der Seele, ein Jenseits, das von einem Gott mit Axt regiert wurde, aber auch eine Muttergottheit. Rund 2000 v. Chr. setzte eine Verschmelzung mit den Religionen Indiens ein, denn Handel treibende Hindus waren in dieser Zeit bis in den Nahen Osten vorgedrungen. Lange Zeit verehrten die Völker Indiens und des Iran dieselbe Göttertriade: Mithra, Varuna und Indra. Allerdings pflegte jede Gemeinschaft eigene Riten, die Religion war nicht zentralisiert. Dies begann erst mit dem Königreich von Elam, dessen Hauptstadt Susa um ca. 2000 v. Chr war. Bis ins 9. Jh. v. Chr. war die Geschichte Elams eine Folge von Eroberungen und Unterwerfung, inklusive der Feldzüge gegen Ur, Babylon und die Assyrer. Das alles war nur möglich durch ein hierarchisch straffes System aus König – Priestern – Kriegern, unter Führung des Königs. Da er gottähnlich verehrt wurde, wollte er die Menge der anderen Götter natürlich so gering wie möglich halten. Unterstützt wurde er durch die Macht orientierte, männliche Aristokratie, die im Drogen- und Sexualrausch, mit bestialischen Pferde- und Küheopfern, wilde Orgien feierte.

Ähnlich den sibirischen Schamanen, die man noch bis weit in das vorige Jahrundert in der Einsamkeit der eisigen, russischen Tundra antraf, muss man sich die Priester der elamitischen Stämme vorstellen, die das religiöse Geschehen ihrer Völker lenkten.

Iranische Dämonologie

Teufelsfratzen, Schuppenbeine, Handfüße – viele der späteren Teufelsdarstellungen fanden ihre Vorbilder in den asiatischen Göttern und Dämonen, die allerdings immer eine Mittlerfunktion zwischen oben und unten, Himmel und Unterwelt, Gut und Böse hatten.

Das Sieg gewohnte Volk der Iraner baute seine Größe immer mehr aus, bis unter dem Mederkönig Deioces 728 v. Chr. eines der größten Königreiche der Geschichte entstand. Es wurde das Reich der sieben Meere genannt, denn es erstreckte sich vom Mittelmeer Libyens bis zum Indischen Ozean, vom Schwarzen Meer bis zum Kaspischen Meer, vom Aralsee bis nach Äthiopien. Gesprochen wurde Aramäisch, Babylonisch, Altpersisch und Elamitisch. Erst Alexander der Große sollte diese Weltmacht 330 v. Chr. zerschlagen.

Vielfalt auf Erden und Vielfalt der Götter

600 v. Chr., also zeitgleich zu Buddhas Erleuchtung, den Lehren Laotses und Konfuzius, ereignete sich in dem gewaltigen polytheistisch orientierten Königreich eine bahnbrechende Kulturrevolution: die zoroastrische Reform – jene Reform des großen Propheten Zarathustra! Bislang existierte ein überirdisches Pantheon von Hochgöttern, die götzenhaft und archaisch verehrt wurden. Das Religionsbild dieses Riesenreiches ist ein Abbild der auf Erden existierenden politischen, wirtschaftlichen und gesellschaftlichen Strukturen. Ein Beispiel der göttlichen Kosmologie zeigt dies deutlich und beschreibt den glaubensphilosophischen Zustand als Zarathustra auf den Plan trat. In der spätvedischen Kultur gibt es den Mythos von Mithra, dem Erlöser. Er ist der Mittler zwischen den Götterpolen Ahura Mazda und Ahriman. Das Erscheinen Mithras wird angekündigt durch Propheten, ähnlichen den drei Weisen aus dem Morgenland bei Jesu Geburt. Auch er soll, von einem leuchtenden Stern begleitet, geboren werden. Sein Gehilfe ist Ahriman, der Freund, Wächter über Verträge, Leihgaben und Geschenke und alle sozialen Kontakte. Seine Funktion orientiert sich an den irdischen Vorgän-

gen, seine Anhänger heißen Arier, jene Arier, die wiederum bei ihren späteren Reisen religiöse Einflüsse nach Indien brachten. In dem immer größer werdenden Reich wurde der Wunsch nach einer einheitlichen Volksreligion laut. Die Könige ließen sich wie Götter verehren, die Priester gaben dem Volk keine moralischen Unterstützung, Magier aus allen Teilen des unübersichtlichen Reiches verbreiteten auf sehr wunderliche Weise die verschiedensten Lehren, hielten die abstrusesten Riten ab. Die herrschende Klasse unterdrückte das einfache Volk, das schutzlos und ohne Hoffnung nach einer höheren Moral verlangte. Es gab jedoch einen Gedanken, der schon vor Zarathustra auftrat und der bedeutsam ist für die von ihm initiierte Reform, die schließlich auch die Geburtsstunde des Teufels sein wird. Es ist der Gedanke des Seelenheils, doch noch ist diese Idee zu wenig ausgeformt und brachte nicht die gewünschte Orientierung, in einem Land das aus hunderten ethnischer Minderheiten und wenigen herrschenden Majoritäten bestand, das sprachlich und geografisch kaum zu einen war. Das Leben der Götter entsprach genau dem Sittenbild auf Erden – es war wild, unübersichtlich und haltlos. Erst Zarathustra sollte aus dem Gedanken des Seelenheils jene Kernzelle schmieden, die Fluch und Segen, den Monotheismus und gleichzeitig den Teufel und das Fegefeuer erschuf.

Der sogenannte Mithras-Kult wurde in späteren Illustrationen, hier um 1790, gerne in hellenisierter Form dargestellt – deutlich wird auch gezeigt, dass die Götterwelt ein Abbild der Zustände auf Erden ist.

Das Elamitische Reich, entstand 4000 v. Chr. und geriet dann unter sumerischen Einfluss. Seine Geschichte ist eng an die Babylons geknüpft. Akkadische Könige führten 2200 v. Chr. Krieg gegen Elam, schließlich konnte sich Elam bis zu seiner Blütezeit im 12. Jh. v. Chr. entwickeln, als schließlich Nebukadnezar, von Babylon aus, Elam um 7. v. Jh. v. Chr. eroberte. Dann fiel Elam den Persern zu.

Zur Zeit des Zarathustra und seinen Anhängern existieren zwei Formen von Götzendienst: das der Sabäer, die Bilder anbeten und das der Magier, die das Feuer anbeten. Die Hauptlehre ist die Existenz zweier Prinzipien, eines ist die Ursache alles Guten, repräsentiert durch das Licht, das andere, das Dunkle, verursacht alles Böse. Beide liegen in ewigem Streit, schließlich besiegt das Gute das Böse, jeder regiert sein Reich. Später entwickelt sich aus dem Hauptprinzip der Magier, dass es ein übergeordnetes Prinzip gibt, das Licht und Finsternis erschaffen hat. Die Christen werden dies Gott nennen, unter ihm sind zwei Engel, der des Lichts und der des Dunklen. Sie schaffen aus Gut und Böse alle existierenden Dinge und bekämpfen sich gegenseitig. Der Kampf dauert bis zum Ende der Welt (christl. Jüngstes Gericht), dann folgt der Tag der Auferstehung (christl. Jüngster Tag). Der Engel der Finsternis geht mit all seinen Anhängern in die eigene Welt und erhält dort Strafen (christl. Hölle). Die Engel des Lichts gehen in das ewige Licht ein (christl. Himmel).

Zarathustra und die Geburt des Teufels

Zarathustra lebte wahscheinlich 628 bis 551 v. Chr.. Bereits wenige Jahrhunderte später galt er bei den Griechen als legendäre Gestalt, die mit den Göttern in Verbindung stand. Er wird als Prophet, als Magier, als Poet und auch als Opferpriester beschrieben.

Seine historische Authentizität ist umstritten, alles deutet darauf hin, dass Zarathustra einem iranischen Pferdezüchtergeschlecht entstammte. Demnach waren ihm die grausamen Tieropfer der adligen Männerbünde wohlbekannt und er hasste sie. Zarathustras Wirken fällt nun in die Zeit der größten Ausdehnung des iranischen Reiches. Nebukadnezar hatte die Assyrer in die Flucht geschlagen und Persepolis erstrahlte neben Susa in Atem beraubendem Glanz. Prachtvolle Riten zu Ehren des Götterkanons werden abgehalten, doch das einfache Volk bleibt ausgeschlossen. So sieht Zarathustra die spirituelle Hilflosigkeit des einfachen Volkes und sie rührte ihn. Er begann zu predigen, vor allem zu den Grundgedanken des individuellen Seelenheils. Zunächst hält sich Zarathustra noch an den vedischen Götterpantheon, doch allmählich postuliert er Ahruna Mazda als alleinigen Gott. Dieser ist Erschaffer von Himmel und Erde, des stofflichen und geistigen Kosmos, Güte und Richter zugleich. Sein urspünglicher Begleiter Ahriman wird zum Hüter des Bösen. Beide werden sich erbitterte Schlachten liefern, an deren Ende Ahruna Mazda siegen wird. Zarathustra hält dies in seinen Predigtversen, den Gathas, fest. Hier erscheinen die zwei monotheistischen Prinzipien ganz klar: Gutes ist völlig gut, Schlechtes ist nur schlecht, beides ist unvereinbar, das Böse versucht immer wieder das Gute zu verderben. An einigen Stellen werden Ereignisse der Bibel scheinbar vorweggenommen. So die Versuchung Jesu durch den Teufel in der Wüste, denn auch Zarathustra soll die Versuchung durch den Satan in der Wüste erlebt haben. Die sieben Todsünden, Unzucht, Neid, Zorn, Hochmut, Habsucht, Völlerei und Trägheit des Herzens, finden bereits Erwähnung. Zarathustra predigt Mäßigung des Körpers und Herzens, er predigt gegen Götzenkult und orgiastische Feste, und er packt letztendlich die Menschen an einer sehr persönlichen Stelle: an jenem auslösenden Element zu allem Guten und Schlechten, denn er appeliert an die individuelle Fähigkeit, für das eigene Seelenheil verantwortlich zu sein. Nicht mehr kollektiver Götterkult und die Absolution der Gemeinschaft schaffen Reinheit, sondern allein ein Gott im Jenseits wird darüber richten, wer gottgefällig gelebt hat und wer nicht. Erlösung kann nicht mehr durch Götzenkult und im Diesseits, sondern erst in Jenseits erreicht werden. Das irdische Leben ist die Vorbereitung auf das Jenseits, in dem ein Gott darüber befindet, welche Seele in die Hölle oder in den Himmel kommt. Die Strafe nach dem Tod wird eingeführt und das ist das revolutionäre zoroastrische Regulativ: die Menschen bei Lebzeiten durch Mäßigung zum rechten Glauben zu bringen. Zarathustra strukturierte damit nur, was in Ansätzen bereits da war und konzentrierte alles auf einen Gott. Gleichzeitig stärkte er den Stand der Magier. Durch einen Staatsstreich wollten diese sogar die legislative Macht an sich reißen. Doch Dareios I. (522–486 v. Chr.) schlug diesen Putsch nieder und führte wieder die alten polytheistischen Riten ein. Dennoch war die Zeit reif für den Zoroastrismus, jenem Nährboden für die großen monotheistischen Weltreligionen, denn erstmals gab es einen Gott, einen Gegenspieler und eine Bestrafung im Jenseits. Die Frage der Schuld und der Erbsünde sollte allerdings durch einen anderen Mythos entstehen.

In den zoroastrischen Höllenvorstellungen kommen bereits auffallend viele Bestrafungen sexueller Sünden vor. Schlangen (Ahriman, der Böse, wird auch als Schlange dargestellt), Frösche (die später unmittelbar mit den Hexen in Vebindung gebracht werden) und Ungeziefer kriechen in alle Körperöffnungen derjenigen Frauen, die ihre ehelichen Pflichten nicht erfüllt haben. Pflöcke werden in ihre Augen getrieben und sie werden an den Brüsten aufgehängt. All dies sind Beschreibungen wie sie auch den Berichten der Hexen- und Teufelprozesse zu Zeiten der großen Inquisition entspringen werden und Bilder, wie man sich vor allem die Hölle vorzustellen hatte. Der Mythos des Teuflischen hat also bereits unter der zorastrischen Revolution beachtliches Profil bekommen. Zarathustra selbst (oben) hatte dies formuliert.

Mesopotamien erfindet die Schuld

Nicht nur jenes Medische Reich (612–550 v. Chr.) der Iraner, in dem Zarathustra wirkte, blickte auf eine fast 3000jährige Geschichte, sondern auch ein angrenzendes Reich, das glanzvoll, reich an Mythen und durch Eroberungen und Verluste auf das Engste mit der Geschichte des Medischen Reiches verknüpft ist. Es ist die wechselvolle Geschichte Mesopotamiens, später Bayloniens und Assyriens, jenes Imperiums, das schließlich den ganzen persischen Raum beherrschte.

Opferriten und Darstellungen gehörnter Gottheiten fand man im gesamten mesopotamischen Raum.

Kulturschock

Ca. 6300 v. Chr. entstehen in dem Landstrich, der heute zum Irak gehört, die ersten Webereien. Noch kann man sich nicht vorstellen, dass von dem morastigen Landstrich zwischen den beiden Flüssen Euphrat und Tigris, Mesopotamien, einmal die großen Kultur gebenden Impulse ausgehen werden, die Europa und den Nahen Osten prägen werden. Die sumerischen Stadtstaaten entstehen. Die Sumerer betreiben bereits Viehzucht, als sie 3400 v. Chr. das Rad erfinden. Die Bronzezeit ist noch nicht vorbei, als sie um 3100 eine weitere epochale Erfindung machen: Sie entwickeln die Keilschrift. Bereits wenig später wird das Gilgamesch-Epos auf zwölf Tafeln festgehalten und mit ihm die gesamte sumerische Mythologie. Schon hier kündigen sich in der tragischen Liebestrilogie von Gilgamesch, Ishtar und Enkidu die ersten Anzeichen von Schuld an. Die Mesopotamier wissen spätestens seit der Sintflut, dass sie ein Spielball höherer Mächte sind. Tatsächlich hat dieses biblische Ereignis stattgefunden, wahrscheinlich in einem außergewöhnlichen Hochwasser, das die Gebiete zwischen den beiden Flüssen überflutet hat – Schlammablagerungen belegen dies. Wie auch der Iran, ist Mesopotamien die meiste Zeit unter Fremdherrschaft. Die Geschichte ist komplex. Im ursprünglichen Mesopotamien wird um 3000 v. Chr. die legendäre Dynastie Ur gegründet. Die ersten Zikkurate (Stufentürme) entstehen. Um 2000 v. Chr. teilt sich das Reich in ein assyrisches und ein babylonisches Reich. 1800 v. Chr. regiert Hammurabi, vereint Assyrien und Babylonien und trägt die Gesetzessammlung, den „Codex Hammurabi“ zusammen. Sie inspiriert Moses 400 Jahr später zu den zehn Geboten. Doch auch Hammurabis Reich verschwindet als 1600 v. Chr. die Hethiter Babylon erobern und Assyrien und Babylon wieder im Streit liegen, bis schließlich beide Reiche um 1300 v. Chr. unter assyrische Herrschaft fallen. Das scheint stabil bis die Meder, jene Iraner denen Zarathustra entstammt, 600 v. Chr. Assur einnehmen. Das Reich teilt sich in ein neubabylonisches/chaldäisches Reich mit seinem berühmtesten Vertreter Nebukadnezar II. (604–562 v. Chr.) und der Hauptstadt Babylon und in ein Medisches Reich, das die zoroastrische Revolution hervorbringt, mit der Hauptstadt Assur. Das Babylonische Reich gilt als die „Quelle der Schuld“. Der Turmbau zu Babel, dessen geschichtlicher Hintergrund die Zikkurate von Ur sind, jene ungeheure architektonische und menschliche Leistung um 3000 v. Chr., wird später als Schuldgrund uminterpretiert, dem Göttlichen zu nahe sein zu wollen. Johannes I. sollte Babylon im 1. Jh. n. Chr. „die Große, die Mutter der Huren und aller Greuel der Erde“ nennen. Ein weiterer Grund für das „Entstehen der Schuld“ liegt in der babylonisch-assyrischen Religion. Aus einer wechselvollen Mythologie, getragen von verwandtschaftlich verworrenen Verhältnissen launischer Götter, entsteht um 1700 v. Chr. eine Staatsreligion und mit ihr der Stadtgott Marduk. Der unvollkommene Mensch geht hier aus einer Laune der Götter hervor: Ereschgikal, die göttliche Geliebte, repräsentiert in ihrer lüstern fordernden Weiblichkeit das Böse und den Tod. Sie gilt als Ahnfrau Liliths, Adams erster Frau und schließlich Evas. Zum ersten Mal wird durch sie Sexualität zu etwas Bedrohlichem und den Mann verderbenden. Die Inquisitoren des Mittelalters werden diese Eigenschaft den Hexen zuschreiben und auch die Charakterisierung des Teufels hat später immer mit einer fordernden und exzessiven Sexualität zu tun.

Nicht nur der Turmbau zu Babel hat sich tief in die religiöse Geschichte des Alten Testament eingeprägt, sondern auch der viele Jahrhunderte später lebende König Nebukadnezar, der um 587 v. Chr. Jerusalem eingenommen und die Juden in die Babylonische Gefangenschaft geführt hatte. Dort begegnen die Juden einem Volk, das mit einem launischen Götterkanon lebt, Götzendienste und in ihren Augen geradezu frevelhafte Riten versieht. Bereits unter dem 2300 v. Chr. lebenden babylonischen König Sargon I. haben sich Teile der chaldäischen Staatsreligion geformt. Die Religion ist getragen von Beschwörungsformeln, in denen Verwünschungen, Tränke und Salben zur Bewusstseinserweiterung bekannt sind. Gnome und Kobolde, die in Wüsten zu Hause sind und deren Umarmung sich niemand entziehen kann, kennzeichnen den Dämonismus. Zudem haben die Chaldäer enorme astronomische Kenntnisse. Diese übertragen sie auf ihre Religion und ordnen den hellsten Fixsternen Götter zu. Die Auguralwissenschaften entstehen.

Ägyptische Mythen und der Melitta-Kult

Religiöse Zeremonien und Observanzen gehörten bei den weisen Magiern Ägyptens, die sich gleichzeitig als Mediziner verstanden, zum Handwerk. So kannten sie bereits umfangreiche Rezepturen für narkotische Säfte, die sie sowohl zur Heilung als auch zum rituellen Gebrauch zubereiteten. Ein bestimmter narkotischer Extrakt wurde aus Hanf gewonnen, zu kleinen Kugeln geformt und verschluckt, worauf sich exstatische Visionen einstellten. Bewusstseinserweiternde Maßnahmen durch Kräuter- und Drogenzauber sollte es im Zusammenhang mit dem Hexenglauben später auch geben. Auch dem Teufel wurde in der mittelalterlichen Glaubensvorstellung immer wieder unterstellt, dass er seine Opfer trunken und willenlos gemacht hat.

In Babylonien (Chaldäa) entstand die Mantik. Das ist die Lehre zukünftige Begebenheiten mit Hilfe irdischer Ereignisse vorauszusagen. Diese Lehre verschmilzt dann wiederum mit der Astrologie, also Zukünftiges mit Hilfe der Sterne zu erfahren. Daraus werden die chaldäischen Auguralwissenschaften, die aus der Form von Wolken, dem Verhalten bestimmter Tiere und dem Auftreten von Missgeburten lesen. Als eine Sonderform gehörte die religiöse Prostitution ebenfalls dazu.

Magie und Medizin

Der große Geschichtsschreiber Herodot berichtet viele Jahrhunderte später, dass die Babylonier ein schändliches Gesetz kennen: einmal im Leben muss sich jede Frau in den Tempel begeben und sich einem Fremden überlassen. Sie darf nicht eher zurückkehren, bis der Fremde Geld in ihren Schoß geworfen hat und sich außerhalb des geheiligten Ortes mit ihr vereinigt hat. Das ist der Melitta-Kult, der sich bis weit über die Eroberung Babylons durch die Perser 331 v. Chr. hinaus erhält und mit Sicherheit zur Mythenbildung der „dämonischen Sexualität" der Hexen und des Teufel beigetragen hat. Der chaldäische Melitta-Kult hat auch Wurzeln in der ca. 4000 v. Chr. entstandenen ägyptischen Religionslehre. Das zu dieser Zeit verfasste ägyptische Totenbuch, dessen Papyrusfragmente erhalten sind, belegen, dass die ägyptische Magie aus einer hochentwickelten Religionslehre entstanden ist, durch Verschmelzen von Medizin, Theologie und religiösen Kulten. Da bei den Ägyptern Religion als Naturwissenschaft galt, gehörte auch die Astronomie dazu, Wahrsagerei wurde in den Tempeln gepflegt. Die Chaldäer wussten von dieser ägyptischen Magie und schließlich ist Moses einer der ersten Schriftsteller, der sie erwähnt. Er berichtet von ägyptischen Zauberern, die bei Beschwörungen Stäbe in Schlangen

und Flüsse in Blut verwandelt und zudem Frösche hervorgebracht haben (drei der biblischen sieben Plagen)? Auch die alten Ägypter kannten den göttlichen Dualismus – Isis (weiblich) und Osiris (männlich) waren ursprünglich die einzigen Gottheiten. Der Isiskult erfolgte in unterirdischen Räumen und Herodot erwähnt, dass die Leichname schöner junger Frauen erst nach drei bis vier Tagen einbalsamiert wurden, weil man annahm, sie würden missbraucht werden. Dies ist ein frühes Beispiel des Melitta-Kultes, der religiös bedingten Sexualität, in einer besonderen Form, der Leichenschändung. Zwar scheinen die Ägypter keine Teufelsfigur gekannt zu haben, aber sie hatten ein ausgeprägtes Dämonenwesen. Böse Dämonen waren die Seelen der Verdammten, die auf die Erde zurückkommen, sie verursachten Krankheiten. Die Ägypter glaubten die Seele sei unsterblich, und dass der Mensch in das Grab einsteigt, um wieder aufzuerstehen. So geht zunächst die Seele in die Unterwelt, um von Osiris empfangen zu werden. Das Herz wird gewogen von Horus, dem Gott der Zeit, das Ergebnis hält Thot, der Gott der Gerechtigkeit fest. Den Verdammten wird durch ein Nilpferd der Kopf abgebissen. Die bösen Mächte, gegen die die Ägypter kämpften, sind der Gott Set und sein Begleiter, die Zweimalgestorbenen. Auch wenn die Ägypter keinen Teufel kannten, so haben sie doch durch ihre frühe Hochkultur alle nachfolgenden Mythen beeinflusst.

Sexuelle, religiöse Handlungen waren in einer Kultur wie der ägyptischen, die in Isis und Osiris ein zweigeschlechtliches Götterpaar kannten, keine Seltenheit. Auch vor dem Tod machte fleischliche Vereinigung keinen Halt. Auf diesem Fries sieht man die Szene, wenn das Herz eines Verstorbenen von Horus gewogen und das Ergebnis durch Thot festgehalten wird. In den späteren christlichen Ausformungen teuflischer Schandtaten kommt immer wieder die Anklage vor, der Teufel treibe es mit Toten und das Treiben in der Hölle sei haltlos und sexuell ausschweifend.

Kein Teufel bei den Kelten

Die Druiden waren den iranischen Magiern nicht unähnlich. Sie waren gleichzeitig Richter und zuständig für die Anrufung der Götter, bisweilen erfolgte dies auch durch Menschenopfer. Zur Rechtssprechung hielten sie jährlich ein Tribunal ab. Ihre Urteile konnten ganze Familien treffen. Sie bildeten also wie ihre iranischen Kollegen eine Einheit von Recht und Glauben, waren also faktisch Stammesoberhaupt. Und trotzdem haben sie nicht auf eine Zentralisierung des Götterpantheon gedrungen, um ihre Stellung zu stärken, ein Zustand der schließlich bei den Iranern den Teufel geboren hat. Es lag wahrscheinlich daran, dass die Kelten längst nicht so straff organisiert waren und dass sie sich auf der anderen Seite als ein Volk von Helden verstanden. So glich ihre Religion eher einer Heldenverehrung. Einen Gott der dem entgegenstand, konnten sie sich nicht vorstellen und deshalb blieb der Teufel unbekannt.

Ein Volksstamm, der ebenfalls direkt aus den indogermanischen Völkerwanderungen hervorging, waren die Kelten. Diese nordländischen Vertreter der vermutlich zweiten Einwanderungswelle (ca. 800 v. Chr.) waren den Beschreibungen der Griechen nach groß, blond und wild aussehend. Sie siedelten in ganz Europa, doch besonders hervorzuheben sind die nordischen Stämme in Skandinavien, den angelsächsischen Ländern und Nordfrankreich. Hier haben sich ihre Mythenwelten besonders entwickelt und bis weit in die Zeit der Christianisierung gehalten.

Keltische Mythen

Die Kelten konnten ihren indogermanischen Ursprung nie verbergen, der auch bei ihnen das vedisches Erbe durchblicken ließ. So hatten sie einen ausgeprägten Hang zur Poesie und Philosophie, sie sangen Lyrik zur Leier (Bardenkunst) und hatten in den Druiden weise Männer, die sowohl für Riten als auch für Rechtsprechung und für das Heilwesen zuständig waren. Einen Großteil dessen, was man über die Kelten heute weiß, stammt aus der Edda, jenem Sagenepos, das im 13. Jh. n. Chr. von dem isländischen Gelehrten Snorri Sturlson zusammengetragen wurde. Ein anderer Teil erschließt sich durch die Überlieferungen der Griechen und Römer. Als die Römer diesem wild aussehenden Volk begegneten, widersprachen deren Gebärden der Kultiviertheit der Südländer. Die Kelten beteten einen Kanon von ca. 400 Gottheiten an. Fruchtbarkeit erhaltende Sexualität und obsessives Begehren waren ebenso Teil des Mythos wie das Abschlagen der gegnerischen Köpfe, um böse Geister zu bannen. Die Farbe Blau galt ihnen als heilig – es war die Symbolfarbe ihrer Muttergöttin – und so bemalten sie sich bei rituellen Handlungen vollständig damit. Ihre Kultstätten bestanden aus Alleen von Riesenphalli, (z. B. die Menhire und Dolmen von Carnac), aus Lichtungen mit Steinkreisen, die durch den Lauf der Sonne ihre magische Wirkung erzielen. In dem ganzen Götterpantheon der

Kelten gibt es Figuren, die als Teufelsvorlage taugen würden, z. B. Loki, ein zwergenhafter Mann, der sowohl als Spaßmacher als auch als Schwindler auftritt. Ähnlich einem Hofnarren ist es ihm erlaubt mit allen Göttern, egal welchen Rang sie haben, Späße aller Art zu treiben, natürlich auch mit den Menschen. Solche Figuren nennt man in der Mythologie Trickster. Er gilt als Feuergott, als Künder einer Apokalypse. Doch er weicht alles mit seinem Narrentum auf, genauso wie seine schurkischen Genossen Syrdon, Bricriu oder Ernyssyen, alles Eulenspiegel-Figuren im keltischen Götterwesen. Sie haben alle teuflische Züge, sind verschlagen, gewalttätig, grausam und zänkisch.

Die keltischen Kultstätten wurden häufig als Allee, als Schiff oder als Hain angelegt. Machmal war die Anlage so konstruiert, dass bei der Sommersonnwende ein beonderes Lichtspiel zustande kam. Die keltischen Zusammenkünfte waren immer eine Mischung aus Gerichtsversammlung, Ritus und Heldenverehrung – der Teufel kam nicht vor.

Doch immer wieder sind sie auch gute Kerle, sind da, wenn man sie braucht und lösen selbst schwierige Situationen mit Humor und Intelligenz. Sie taugen also nicht als Vorbilder für den Teufel. Wie gelang es den Kelten, die ja ebenso wie die Iraner indogermanischer Herkunft sind, den Teufel aus ihrer Religion herauszuhalten? Vielleicht liegt es darin, dass ihre Götter ein Abbild ihrer selbst waren: stark, kriegerisch, abenteuerlustig, poetisch, dabei aber kameradschaftlich. Und sie entwickelten nie ein Nationalbewusstsein, denn nachweislich führten auch keltische Stämme untereinander Krieg, es war also unmöglich, eine allgemeingültige Religion zu begründen. Ein Zustand, der sie im Umgang mit starken Stämmen und Religionen geschwächt hat, die auch diesem unerschrockenen Volk schließlich mit dem Teufel das Fürchten lehrten!

Griechen und Römer lieben es sinnlich

Eine Bewegung in der griechischen Geschichte hätte der Erschaffung eines Teufels den Boden bereiten können: der Orphismus. Orpheus wird von Dionysos, dem Gott des Genusses und der Ekstase, geschlachtet, weil er nicht ihn, sondern Apollon in seinen Liedern verehrte. Der Orphismus war die Abkehr von der hellenistischen Kultur. Sie verteufelte sinnliche Ausschweifungen, nur durch Disziplin ließ sich Seelenheil im Jenseits erringen, Begriffe die so in der hellenistischen Kultur nicht vorkamen. Auch stellt der Orphismus den Priester an die Spitze eines Staates – ein Zustand, den die demokratiebesessenen Griechen nicht dulden konnten. Der Orphismus beinhaltet auch den Gedanken, dass vor der Erschaffung des Menschen die Welt in Ordnung war – also ein Vorgriff auf die christliche Schuldfrage und somit auch auf den Teufel. Doch der Orphismus konnte in Griechenland nie Fuß fassen, denn er stellte die bisherige Götterwelt und das Staatswesens in Frage.

Ohne die Griechen und die Römer ist die abendländische Kultur undenkbar und doch haben gerade diese beiden Völker den Teufel aus ihrer Glaubenswelt herausgehalten.

Die Griechen

Wenn wir die griechische Kultur ansehen, denken wir an das „klassische" Griechenland, an Alexander den Großen und Platon. Dieses Griechenland begann bereits 4000 v. Chr. Gestalt anzunehmen. Damals verehrten wilde Stämme, eingewandert aus Anatolien und Nordafrika, eine Muttergöttin. Um 4000 v. Chr., also zu Zeiten der großen indogermanischen Einwanderungswelle besetzten die Dorer, ein Volk das zum Fabulieren und zum Schauspielern neigte, die hellenische Halbinsel. Sie erfanden Apollon und Herakles. Dieses fabuliersüchtige Volk brachte nun eine Fülle von göttlichen Prototypen hervor, Abbilder menschlicher Schwächen und Stärken und letzlich unvollkommen und unberechenbar, voller Widersprüche: den griechischen Götterhimmel. Er ist so unvollkommen wie die Menschen selbst und für die Griechen bestand ein Leben mit den Göttern darin, mit ihnen handelseinig zu werden, notfalls sie gegeneinander auszuspielen. Dies konnte in Form von Opfern und Zauberei geschehen. Alle waren gut und schlecht, Schwächen hatten vor allem die Götter.

Den Griechen lag an Strukturen, die schufen sie sowohl in ihrem Götterpantheon wie auch in ihrem Denken und begründeten so die Demokratie und das philosophische Denken des Abendlandes. Ein Teufel hatte in einer nach der persönlichen Freiheit suchenden Gesellschaft wie der der Griechen nichts zu suchen und darüber hinaus waren sie sich immer ihrer Tradition bewusst, dass ihre Götter ihre eigene Erfindung waren.

Zauberei – Hexerei

Allerdings hat der Zauberglaube Griechenlands, der auch von den Römern übernommen wurde, den Boden für den europäischen Hexenglauben geschaffen, der wiederum das Teufelsbild geprägt hat. So kannten sowohl die Griechen als auch die Römer, die mit den Griechen im 3. Jh. v. Chr. bekannt wurden, Hexenkulte. Der griechische Hekate-Kult (röm. Diana-Kult) rankte sich um rasende Weiber, die nachts lüstern und streitlustig durch die Wälder irrten. Guter und schlechter Liebeszauber, hervorgerufen durch Kräutersude, und anderer Schadenszauber wurde praktiziert mit Rezepturen, die auch im Mittelalter als Hexenkunst bekannt waren. Die Römer waren noch dazu abergläubisch. Sie betrieben Augurenschau in dem sie in Innereien und im Vogelflug die Zukunft lasen, sie betrieben Nekromantie, also Totenbeschwörung. Bekannt war auch die Sykomantie, bei der Blut verwendet wurde, um daraus wahrzusagen.
So sind wohl weder in der griechischen noch in der römischen Glaubenswelt Teufel bekannt, aber es wurden vielerlei Riten und Praktiken angewendet, die später als teuflische Handlungen gesehen wurden. Beschwörungen, Leichenverehrung und das Opfern kleiner Kinder sollten später dem Teufel zugeschrieben werden. Bis zur Christianisierung, die ja in Rom ihren Ausgang nahm, kannten aber die Römer den Teufel nicht.

Das Volk der Dorer hat wohl den Griechen das Talent zum Schauspielen gegeben – ihre wankelmütige Götterwelt konnten die Griechen so in Theaterstücken darstellen und Konflikte in der Überhöhung der Kunst lösen. Auch wenn wie hier in Delphi so manche Hexerei betrieben wurde, um göttlichen Willen oder Zukünftiges vorauszusagen, so kam doch bei den Griechen nie der Teufel vor.

Der Monotheismus erfindet den Teufel

Die zoroastrische Reform hat dem Teufel den Boden bereitet. Aber den größten Anteil an der Entstehung des Teufels sollte die Bibel hervorbringen, jenes Buch, das die jüdische Geschichte im Alten Testament beschreibt und das die christliche Religion im Neuen Testament umfasst. Wie in dem vorangegangenen Kapitel aufgezeichnet, haben viele Einflüsse über Jahrtausende dazugeführt, dass eine biblische Geschichte entstehen konnte, eine Geschichte, die von Anfang an den Teufel beinhaltet.

Zeittafel von 4000–450 v. Chr.

ZEIT	HEBRÄER	ÄGYPTEN	MESOPOTAMIER	RÖMER UND ETRUSKER	GRIECHEN	PHÖNIZIER	ARAMÄER (Syrer)	HETHITER	ISRAELITEN
4000 v. Chr.		Die Königreiche Ober- und Unterägypten Ägyptische Hieroglyphen	Sumerische Stadtstaaten Keilschrift		Frühminoische Kultur auf Kreta ca. 3400			Wanderung indoeuropäischer Hethiterstämme nach Kleinasien	
3000 v. Chr.	Große Pyramiden	Zikkurat von Ur ALTES REICH ca. 2700–2200	1. Dynastie von Ur n. 2550 Dynastie von Akkad, - begründet von Sargon I. ca. 2360 Dynastie von Gutium 2. Dynastie von Ur		MITTELMINOISCHE ZEIT ca. 2100–1580				
2000 v. Chr.	Abraham (Zeit ungewiss)	MITTLERES REICH 2000–1778	BABYLONIEN ASSYRIEN 1. babylonische Dynastie (Amoriter)			Königliche Grabmäler bei Byblos		Frühe hethitische Königreiche	
1800 v. Chr. Zeitalter der Patriachen	Aufenthalt in Ägypten	Gesetzessammlung des Hammurabi Amosis befreit Ägypten	ALTBABYLONISCHES REICH Hammurabi 1728–1686		Erste griechisch sprechende Eindringlinge Palast von Knossos zerstört und wieder aufgebaut			ALTHETHITISCHES REICH	
1600 v. Chr.		NEUES REICH 1580–1200 Tutmosis III. 1490–1435	BABYLONIEN ASSYRIEN Hethiter erobern Babylon		Ende des kretischen Reiches	Ägyptische Invasion Ägyptische Herrschaft		NEUHETHITISCHES REICH	
1400 v. Chr.	Die zehn Gebote Auszug ca. 1290 Eroberung von Kanaan ca. 1250	Amenophis IV. (Echnaton) 1370–1353 Sethos I. 1319–1301 Ramses II. 1301–1234 Ramses III. 1198–1167	Salmanassar I. 1265–1235 Assyrische Vorherrschaft ASSYRER		Höhepunkt der mykenischen Kultur	Aufstand der Phönizier	Aramäische Wanderung aus der Wüste Eiserne Waffen eingeführt		
1200 v. Chr.	Epoche der Richter Saul ca. 1020–1000				Trojanischer Krieg 1194–1184			Hethiter aus Kleinasien vertrieben	

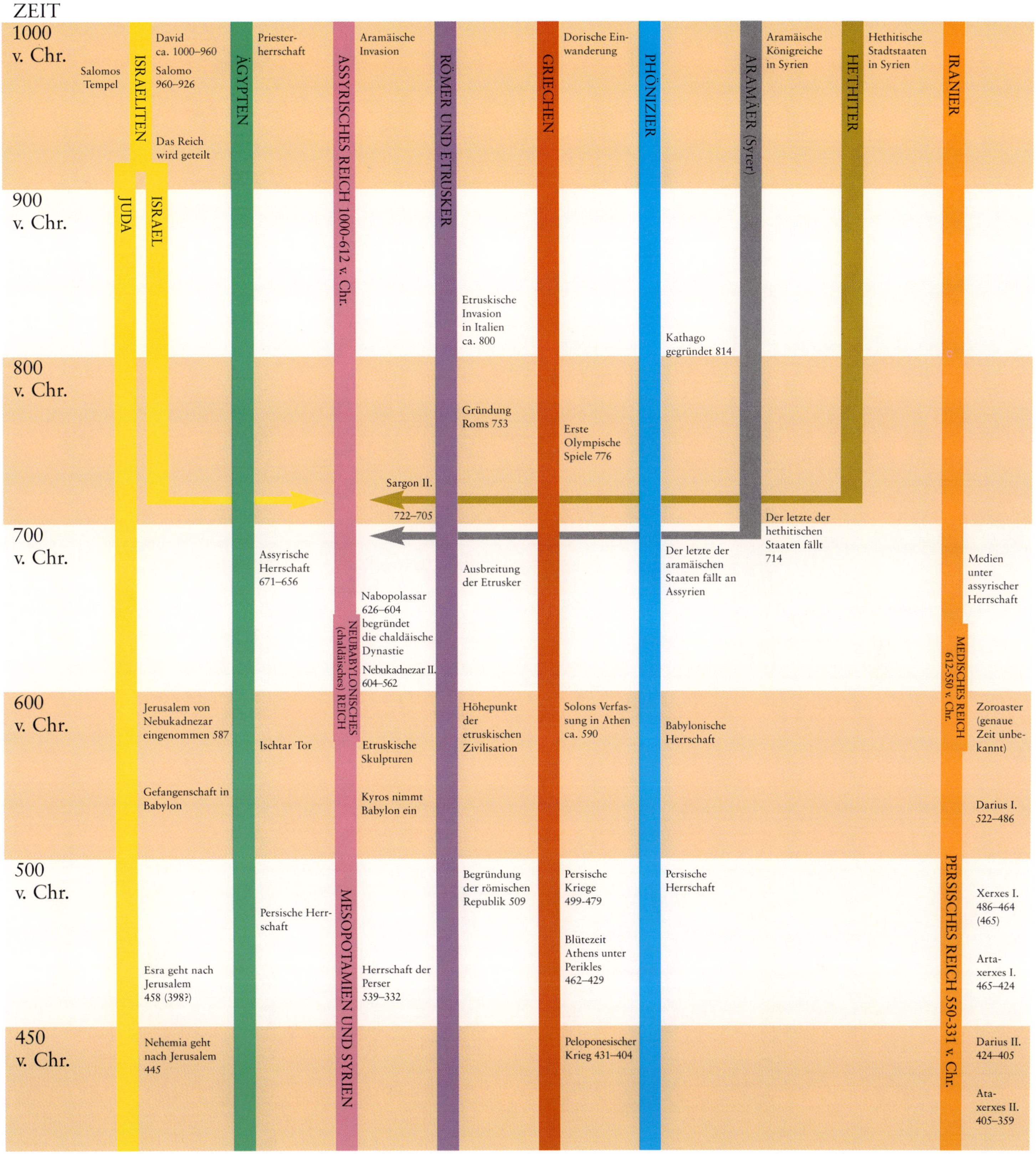
ZEIT
1000 v. Chr.
900 v. Chr.
800 v. Chr.
700 v. Chr.
600 v. Chr.
500 v. Chr.
450 v. Chr.
Salomos Tempel
ISRAELITEN
JUDA
ISRAEL
David ca. 1000–960
Salomo 960–926
Das Reich wird geteilt
Jerusalem von Nebukadnezar eingenommen 587
Gefangenschaft in Babylon
Esra geht nach Jerusalem 458 (398?)
Nehemia geht nach Jerusalem 445
ÄGYPTEN
Priester-herrschaft
Assyrische Herrschaft 671–656
Ischtar Tor
Persische Herr-schaft
ASSYRISCHES REICH 1000-612 v. Chr.
NEUBABYLONISCHES (chaldäisches) REICH
MESOPOTAMIEN UND SYRIEN
Aramäische Invasion
Sargon II. 722–705
Nabopolassar 626–604 begründet die chaldäische Dynastie
Nebukadnezar II. 604–562
Etruskische Skulpturen
Kyros nimmt Babylon ein
Herrschaft der Perser 539–332
RÖMER UND ETRUSKER
Etruskische Invasion in Italien ca. 800
Gründung Roms 753
Ausbreitung der Etrusker
Höhepunkt der etruskischen Zivilisation
Begründung der römischen Republik 509
GRIECHEN
Dorische Ein-wanderung
Erste Olympische Spiele 776
Solons Verfas-sung in Athen ca. 590
Persische Kriege 499-479
Blütezeit Athens unter Perikles 462–429
Peloponesischer Krieg 431–404
PHÖNIZIER
Kathago gegründet 814
Der letzte der aramäischen Staaten fällt an Assyrien
Babylonische Herrschaft
Persische Herrschaft
ARAMÄER (Syrer)
Aramäische Königreiche in Syrien
Der letzte der hethitischen Staaten fällt 714
HETHITER
Hethitische Stadtstaaten in Syrien
IRANIER
Medien unter assyrischer Herrschaft
MEDISCHES REICH 612-550 v. Chr.
Zoroaster (genaue Zeit unbe-kannt)
Darius I. 522–486
PERSISCHES REICH 550-331 v. Chr.
Xerxes I. 486–464 (465)
Arta-xerxes I. 465–424
Darius II. 424–405
Ata-xerxes II. 405–359

Das erwählte Volk

Als der Hebräer Moses, der für sein Volk die Gesetze (Zehn Gebote) empfing, sein Volk aus der ägyptischen Gefangenschaft in das gelobte Land führte (ca. um 1300 v. Chr.), existierte das Volk der Hebräer bereit seit fast 3000 Jahren – man nennt diese Epoche auch „Zeit der Patriarchen".

Die jüdische Religion anerkennt kein geistiges Wesen neben Jehova, dem Schöpfer der Welt. Von Priestern ausgeübte Magie war von Anfang an untersagt. Der Name Jehova ist von Jahwe abgeleitet, die genaue Bedeutung ist unbekannt. Es war eine ungeheure geistige Leistung, nur einen Gott anzuerkennen. Bezeichnend ist, dass die ersten Aufzeichnungen der Bibel genau in die Zeit der Reform des Zarathustra fielen, die ja auf dem selben Grundgedanken aufbaute. Dennoch hat dieses konsequente Denken es nicht geschafft, Dämonenglauben zu unterdrücken. Bereits zu Zeiten Moses stand Wahrsagerei unter schärfster Strafe, Zauberei galt als heidnisch und verdammenswürdig, denn allein Jehowa war fähig in die Zukunft zu sehen.

Gott erscheint Abraham

Um die Entstehung des Teufels in der ersten monotheistischen Religion zu begreifen, muss man die historischen Hintergründe des Alten Testaments betrachten. Die Schriftform des Alten Testaments geht auf Zeit um 550 v. Chr. zurück. Bis dahin ist die jüdische Glaubenswelt mesopotamischen und ägyptischen Einflüssen ausgesetzt. Der erste Jude, dem Gott erscheint, ist Abraham. Er soll in der sumerischen Stadt Ur aufgewachsen sein. Die Stadt war damals (ca. um 1900 v. Chr.) ein blühendes Handelszentrum, die Familie Abrahams wohlhabend, doch sie zog von Ur weg, einige Tausend Kilometer nördlich in das Euphrattal. Über diese Zeit Abrahams ist wenig bekannt. Die erste Erwähnung findet er in der Bibel, als Gott zu ihm sprach, er solle mit seiner Familie in ein Land ziehen, das er ihm zeigen wollte: „Ich will dich zum großen Volk machen und dich segnen". Abraham zieht so über Damaskus, nach Kanaan, das damals unter ägyptischer Herrschaft stand. Er war wohl so bekannt, dass der ägyptische Pharao ihn an den Tempel zu Memphis rief. So kam Abraham in Berührung mit der ungeheuren, jahrhundertealten Kultur der Ägypter. Doch er fiel in Ungnade und musste nach Kanaan zurückziehen. Die Abraham folgenden Generationen kehrten jedoch für Jahrhunderte wieder zurück nach Ägypten. Erst Moses sollte um ca. 1200 v. Chr. dem jüdischen Volk auf Geheiß Gottes den Auszug aus Ägypten bescheren. Nachdem die Ägypter die sieben Plagen zu erleiden hatten, durfte Moses sein Volk aus der heidnischen Sklaverei führen und empfing am Berg Sinai die Zehn Gebote. Zurück in Kanaan wurde das Land unter zwölf Stämme aufgeteilt (1200–1020 v.

Chr.). Es folgte die Regierung König Sauls (1020–1000 v. Chr.), das Königreich Davids und Salomos (1000–922 v. Chr.). Mit Salomo endete die Zeit des einheitlichen Volkes Israel. Das Land zerfiel in Israel (922–738 v. Chr.) und Juda (922–587 v. Chr.), schließlich geriet beides unter assyrische Herrschaft (824–612 v. Chr.), während der Stammesvater Israel um 700 v. Chr. fiel. Als schließlich das große assyrische Reich bestehend aus Medern und Babyloniern die Ägypter zurückdrängte, teilten sich die beiden Mächte das Gebiet. Juda wurde nun von Babylon regiert. Die Herrschaft war schrecklich und führte dazu, dass Jerusalem dem Erdboden gleichgemacht wurde und nahezu 50000 Juden in babylonische Gefangenschaft geführt wurden. Nach der Befreiung durch die Perser und der Rückkehr nach Juda (583 v. Chr.) entstanden unter dem erneuten Einfluss babylonischer Glaubenswelten die ersten Schriften der Bibel: die Genesis. In ihr nimmt die spätere Form des Satans oder Teufels zunehmend Gestalt an. Zweifelsfrei sind zahlreiche Geschehnisse der Genesis aus den Mythen Mesopotamiens entliehen, wie das Paradies, die Sintflut und die Figur des Widersachers zu Gott – im mesopotamischen Mazdaismus ist dies Ahriman. Noch eine ganze Weile wird dieser Gegenspieler „Har-Shatan" (von dem unser Wort Satan abstamt) die Rolle des Dieners Gottes spielen, mehr ein trickreicher Dämon, als das sündhafte Böse und somit der Feind Gottes. Für diese Entwicklung sollte er noch zwei Jahrhunderte bis in die Zeit des hellenistischen Judaismus brauchen.

Die Lebensfreude und Prachtentfaltung Venedigs ist kaum besser zu illustrieren wie durch die Bibeldarstellungen des Malers Paolo Veronese (1528–1588). Die Auffindung Mose stattete er im prunkvollen venezianischen Stil seiner Zeit aus.

Die Genesis und der Teufel

Die Vertreibung des ersten Paares aus dem Paradies bildet den Mittelpunkt der Geschichten der Genesis. Die Schlange, die Eva verführte, wurde erst in christlicher Zeit mit dem Teufel gleichgesetzt, hier zu sehen in einem Holzschnitt um 1511 von Albrecht Dürer.

Die Genesis beginnt mit der Vertreibung aus dem Paradies, auch Garten Eden genannt. Nun ist dieser keine jüdische Erfindung, sondern das Wort ist dem sumerischen „edenu“ entliehen, das das Gebiet zwischen Euphrat und Tigris bezeichnet, jenes fruchtbare Schwemmland Babyloniens. Die Schlange, die Eva verführt die Frucht vom Baum der Erkenntnis des Guten und Bösen zu essen, wird zum Symbol für Verführung, für Sünde. Eva ihrerseits verführt Adam dazu, die Frucht zu kosten. Die Vorform des Satans ist die Schlange aus dem Paradies, auch wenn sie nicht namentlich erwähnt ist.

Paradies und Schuld

Die Schlange, die in vielen anderen Religionen immer eine verehrte Gottheit war, wird von Gott verflucht, indem er ihr nach der Verführung sagt: „Weil du das getan hast, verflucht seist du unter allem Vieh und unter allen Tieren des Feldes“ und „Feindschaft will ich setzen zwischen deinen Sproß und ihren Sproß“. Zwar ist dies ein rätselhafter Fluch, doch es ist ein Hinweis darauf, dass Gott jemanden für das Böse verantwortlich machen will. Zunächst herrschten aber auch nach der Vertreibung vergleichsweise paradiesische Zustände. Adam und seine Nachkommen werden im biblischen Sinne steinalt, und doch wird Gott immer unzufriedener mit seiner Schöpfung. Es ist ein ungnädiger, jähzorniger Gott, den das erste Buch der Bibel beschreibt, der schließlich beschließt, seine gesamte Schöpfung zu ersäufen. Auch dieses Motiv findet sich bereits bei den Babyloniern, denn auf babylonischen Schrifttafeln von 2900 v. Chr. ist eine tatsächliche Sintflut überliefert. Gemeinsam ist beiden Geschichten, dass ein Mann die

Sintflut überleben sollte, bei den Juden war es Noah. Und eine weitere Übereinstimmung ebnet den Weg für das spätere christliche Satansbild: In den babylonischen Mythen versucht die grausame, aber reizvolle Göttin Ischtar ihren Liebhaber Enkidu zu verführen mit den Worten: „Ihr werdet sein wie Götter", und „Weise bist du, Enkidu, weise wie ein Gott". Ähnliche Worte hat auch die Schlange benutzt und da wie dort ist eine Frau an der Verführung zum Bösen schuld, ein Motiv, das mit den Jahrhunderten an Kraft zunehmen wird und das schließlich in einem europaweiten Frauenmorden enden wird, der großen Hexenverfolgung. Die Hauptanklage wird dann immer lauten: Verkehr mit dem Teufel, versuchte Verführung unschuldiger Männer! Doch noch ist es nicht so weit, noch finden sich in den ersten Büchern der Bibel Sätze, die belegen, dass Gott diesen Satan als Werkzeug seines Willens sah, dass er ihn eher wie einen Handlanger benutzte, der die Menschen prüfen sollte. So z. B. in dem Buch Hiob: „Eines Tages geschah es, dass die Gottessöhne kamen, um vor Jahwe hinzutreten. In ihrer Mitte erschien auch der Satan: „Woher kommst du". Der Satan antwortete Jahwe: „Ich streifte auf der Erde umher und erging mich auf ihr." Da sprach Jahwe zum Satan: „Hast du auf meinen Knecht Hiob Acht gehabt? Denn es gibt niemand auf Erden wie ihn. Denn er ist untadelig und rechtschaffen". Ab dem 3. Jh. v. Chr., also mit Beginn des hellenistischen Judaismus, sollte sich diese Position des Teufels ändern, der Teufel wird sichtbar!

Im Buch Belial verhöhnen die Teufel Gott Vater – noch sind es viele – doch bald wird der Teufel ein einziger, böser Widersacher Gottes sein.

In den frühen Texten des Alten Testaments sind sowohl der Teufel als auch Hexen ein Werkzeug Gottes, nicht seine Gegenspieler. Auch sind die Hexen noch nicht die Verderberinnen, die Konkubinen des Teufels, die sie einmal sein werden. Ein berühmtes Beispiel ist die Hexe von En-Dor. König Saul befragte Jahwe, als sich die Philister rüsteten, Israel anzugreifen, um Rat. Doch Jahwe schwieg. Saul hatte aber ein schlechtes Gewissen, weil er David töten lassen wollte, so wie er bereits Samuel verraten hatte. In seiner Ratlosigkeit, beauftragte er seine Diener, obwohl Magie verboten war, – eine Frau ausfindig zu machen, die sich auf Totenbeschwörung verstünde und ihm den Willen Jahwes übermitteln könne. Es wurde die Hexe von En-Dor gefunden, die Samuels Geist heraufbeschwören sollte. Als sie Saul weissagte, dass er den Krieg und alle drei Söhne verlieren wird, spricht die Hexe von En-Dor als Werkzeug Gottes und nicht als Konkubine des Bösen oder Teufels. Noch ist Gott alles in einer Person, gut und böse. Doch das ändert sich ab dem 3. Jh. v. Chr. deutlich.

Hexe, Heilerin, weise Frau

An dieser Stelle ist es unerlässlich, einen kurzen Abriss über den Hexenglauben zu geben, denn er wird in den Zeiten des Hexenwahns und der Verfolgung tausender Menschen in unmittelbaren Zusammenhang mit dem Teufel gebracht.

Verführung, Sünde, Unzüchtigkeit und Lustbarkeit waren Attribute, die den Hexen zugeschrieben wurden. Die ersten Zeichen begannen ca. 300 v. Chr.; in der Christianisierung war es um den „guten Ruf" der Hexen/Heilerinnen gänzlich geschehen.

Einer der ältesten Berufe der Welt

Für unsere Vorfahren, die bereits vor 10000 Jahren nomadisierend durch die Steppen Europas, Asiens und Amerikas zogen, war es ungeheuer wichtig, die Natur und ihre Gesetze zu kennen. Zum einen musste Unheil vermieden oder gar abgewendet werden, auf der anderen Seite waren die Menschen beständig auf der Suche nach Nahrung, sei es in Tier- oder Pflanzenform. Besonders sensitiv Begabte konnten am Wind, an den Spuren am Boden, an den Formationen von Ästen und Steinen vorhersehen, wann eine Herde Tiere vorüberkommen werde. Sie fanden heraus, welche Kräuter und Pflanzen heilende und narkotisierende Wirkung hatten und sie lernten das Wetter einzuschätzen – eine Eigenschaft, die lebenswichtig war. Darüber hinaus war die Fruchtbarkeit, also der Erhalt der Sippe, verehrungswürdig. Frauen wurden angebetet, betonte Geschlechtsteile, wie schwellende Brüste und üppige Formen, finden sich in den frühesten Darstellungen weiblicher Figurinen. Die anderen Bildmotive drehen sich um die Jagd von Tieren. Zwei Berufsgruppen, wenn man diesen modernen Ausdruck gelten lassen will, bildeten sich heraus – die Gruppe der weisen Frauen, denn sie halfen den Frauen bei der Geburt und die Gruppe der Schamanen, die sich auf das Beschwören der Natur und der Naturgeister verstanden. Im Laufe der Zeit verfeinerte sich das Wissen. Die Heilkunst war nun ganz in den Händen der weisen Frauen, wobei dieses Wissen natürlich auch die Kunst der Zaubertränke und des Drogenmischens beinhaltete. Noch bis ins 4. Jt. v. Chr. war die Große Muttergöttin die verehrte

Gestalt fast aller Mythen. Nach der Völkerwanderung wandelte sich dies. Patriarchalische Strömungen brachten Männergötter mit. Frauen traten in den Hintergrund. Mythische Auslegungen wie wir sie in den vorangegangenen Ausführungen kennengelernt haben, versäumten nicht, das Frauenbild zunehmend zu demontieren. Natürlich auch das der weisen Frauen – sie wurden zu Hexen. Zunächst noch im durchaus positiven Sinn, doch bereits in der griechischen Antike kommt mit dem Dionysoskult das Bild der rasenden Megäre auf, eine vom Wahnsinn besessene, mannstolle Furie. Dieses Bild wird weitergereicht. Hinzu kommt das durch den Monotheismus hervorgebrachte Bild der weiblichen Sünde durch Eva sowie die Dämonologie der Teufels. Mit dem Christentum bröckelt das Ansehen der weisen Frauen zunehmend. Schadenszauber, gefährlicher Liebeszauber, Verführung von Männern und Kindern sind die Anschuldigungen, die die Katholische Kirche den ehemals weisen Frauen zur Last legte. Dies eskalierte in der brutalen Verfolgung von Millionen Frauen über fast sechs Jahrhunderte hinweg – eine erschütternde Metamorphose eines einst angesehenen Standes, der zur Hilfe, zur psychischen Unterstützung und zum Heilen innerhalb der Gemeinschaften über Jahrtausende so viel beigetragen hatte.

Judith, die im 2. Jh. v. Chr. während einer Belagerung dem Feind das Haupt abschlug, galt als Heldin – doch da war der Wandel des Frauenbildes hin zur Sünderin schon vollzogen.

Das Buch Henoch

Die Darstellung der Apokalypse, also das Erscheinen des bösen Messias, des Teufels, und dessen Unterwerfung, waren ein häufiges Motiv des ausgehenden Mittelalters. Dürer zeigt hier den Kampf des Erzengel Michael gegen Luzifer in der Gestalt eines Drachen.

Ursprünglich gab es im Alten Testament den Teufel als Widersacher Gottes nicht. Eine intertestamentarische Schrift, das Buch Henoch, bringt ein neues Element in die jüdische Lehre, das nicht ohne Wirkung auf die Präzisierung des Teufels sein sollte. Es wurde wahrscheinlich von einem Juden, sowohl in griechischer als auch in hebräischer Sprache geschrieben, ca. um das 3. und 2. Jh. v. Chr.. Die Aussagen über die Entstehungszeit sind allerdings widersprüchlich, da das Original verloren ist und nur Kopien überliefert sind. Andere Quellen nennen eine Zeit der Niederschrift, die noch vor der Zerstörung des Tempels von Jerusalem, also ca. 560. v. Chr., liegt, was insofern bedeutsam wäre, denn dann hätte sich der Wandel hin zum Teufel schon früher vollzogen.

Die Fall der Engel

„Es begab sich in den Tagen, als die Menschen sich vermehrt hatten, dass herrliche und schöne Töchter geboren wurden. Und da die Engel, die Söhne des Himmels, diese sahen, entbrannten sie in Liebe zu ihnen und sagten: ‚Kommt lasst uns Weiber wählen unter den Nachkommen der Menschen und mit ihnen Kinder zeugen'. Da sprach Samjaza, ihr Anführer: ‚Ich fürchte, dass ihr euch von diesem Plan abschrecken lasst und ich alleine ein so schweres Verbrechen leiden muss!' Aber sie erwiderten und sprachen: ‚Wir schwören alle und verpflichten uns durch gegenseitige Eide, unser Vorhaben auszuführen.' Ihre

Zahl betrug 200, die hinabstiegen auf Ardis, den Berg Armon, ... da nahmen sie Weiber, ein jeder wählte für sich, sie näherten sich ihnen und wohnten mit ihnen und lehrten sie Zauberei, Beschwörung und Anwendung von Wurzeln und Bäumen. Gottlosigkeit nahm zu, Hurerei breitete sich aus, und sie sündigten und verdarben alles auf ihrem Wege. Amazaral lehrte alle Zauberei und den Gebrauch der Wurzeln, Amers das Lösen des Zaubers, Barkajal die Beobachtung der Sterne, Akibeel die Zeichen, Seriel die Zeichen des Mondes, Smasaveel die Zeichen der Sonne ... "
Nach diesem Text scheint es, dass sowohl die fleischliche Sünde als auch die Weitergabe uralten magischen Wissens zum Fallstrick für die eigentlich „guten" Engel wurde, denn sie hatten Gottes Zorn erregt. Das Buch ist bereits mit einer fanatischen Strenge geschrieben, wie sie bislang im Alten Testament nicht auftauchte und weist darauf hin, dass sich an der Stellung des Teufels bald etwas ändern wird. Denn bei genauer Betrachtung sind diese teufelsähnlichen Dämonen, die sich auf der Erde herumtreiben, nichts anderes, als Engel, die sich in Sterbliche verliebt haben, aber sie rebellieren nicht gegen Gott. Doch Gottes Reaktion ist relativ unversöhnlich und weist auf einen Bruch hin, der sich bald vollziehen sollte. Dieser Fall der Engel, der sich im 7. und 8. Kapitel des Buch Henoch zuträgt, ist aber nicht nur der Grund für einen Dämonenwandel, sondern auch der Grundstein für sämtliche Geheimwissenschaften, die allesamt von den Engeln abgeleitet werden. Doch bevor wir dieses Phänomen genauer ansehen, sollte man einen weiteren Bibeltext zu einem anderen Dämon betrachten.

Engel, die sich gegen Gott auflehnen, werden aus dem Himmel vertrieben und mutieren zu Teufeln, hier in einem Holzschnitt um 1483.

Henoch war der Vater von Methusalem gewesen. Er soll sich bereits intensiv mit der jüdischen Sage beschäftigt haben. Seine Prophezeihungen haben die Juden zur Zeit von Christi Geburt besonders beschäftigt, darüber hinaus enthält das Buch Henoch einige Begebenheiten, die den Teufelsglauben entscheidend beeinflussen sollten. Zum einen enthält es eine der ältesten jüdischen Visonen vom Jenseits, die von einem Engel angeführt wird. Zum anderen enthält es die Schilderung eine Totenengels, der den zu Tötenden das Haar abschneidet. Dieses Symbol wird wieder bei den Hexenverfolgungen auftauchen, wenn die Tribunale den vermeintlichen Hexen das sündige Haar abscheren. Eine ausführliche Darstellung vom Fall der Engel, wie sie das 1. Buch Mose auch aufzeigt, wird zeigen, dass hier der Grundstein für alle mystischen Geheimwissenschaften, insbesonderen der Kabbala liegt.

Belial (hebr. „Bosheit") war im Alten Testament der Name des Teufels, im Neuen stand er für den Antichrist.

Asasel oder der Sündenbock

Die Dämonologie des Alten Testaments sieht bis zum 3. und 2. Jahrhundert v. Chr. noch keine Teufel als Feinde Gottes vor. Im Gegenteil, die Teufel, denn es sind ja noch mehrere, handeln in seinem Auftrag. Doch auch schon hier finden sich Elemente, die dem späteren Teufel Gestalt geben sollten.

Die Engel bringen Unheil

Im Buch Henoch finden sich die ersten Anzeichen eines teuflischen Rollenwechsels. Es ist noch ein anderer dämonischer Lehrauftrag, neben der Astronomie, Astrologie und der Schrift, die im Buch Henoch den Zorn Gottes rühren: der Dämon Asasel, ein teuflischer Stellvertreter, der den Menschen die Waffen-, die Schmink-, und die Schmuckkunst brachte. Das konnte Gott nicht billigen, denn all diese Künste führen zur Verderbtheit, zu körperlicher Gewalt und körperlichem Begehren. Gott beauftragte daraufhin den Erzengel Raphael, Asasel zu fesseln und ihn in die Finsternis und anschließend in den Feuerpfuhl zu werfen – eine Vorwegnahme der Hölle.

Das ist um so erstaunlicher, als es der selbe Asasel ist, dem Gott auch Opfer bringen lässt, nachzulesen im dritten Buch des Pentateuch. Denn es trug sich zu, dass Moses Bruder Aaron zwei Söhne verloren hatte, die Gott unrechtmäßige Opfer gebracht hatten. Von Gott erfährt nun Moses, dass Aaron mit zwei Widdern vor dem Offenbarungszelt auf ein Zeichen Gottes warten solle, welchen der beiden

Es ist nicht ohne Bedeutung, zu wissen, wie hart die Zauberei und Wahrsagerei in der jüdischen Lehre geahndet wurde. Seit Mose überliefert sich ein strenger Gesetzeskanon zur Bestrafung von Zauberei und Magie. Dem einzigen, dem ein Blick in die Zukunft erlaubt war, war Jehova selbst, er gab seinen Willen an die Propheten weiter. Auch diesen war Gehorsam zu leisten und wurde bei Nichteinhaltung mit Steinigung bestraft. Die sprichwörtlich altestamentarische Strenge hatte wohl tatsächlich ihren Grund. Es wäre sonst auch nicht anders möglich gewesen, den heidnischen Vielgötterglauben auszurotten. Vergessen wir nicht, dass es bis dahin in allen Religionen ein Vielgötterwesen gab und das Durchsetzen des Monotheismus eine Kulturrevolution ungeahnten Ausmaßes war!

Böcke Gott als Opfer annehmen wolle. Der andere solle dann Asasel geopfert und lebend in den Abgrund gestürzt werden. Deutlich wird hier Gottes Stellung zum Teufel, er ist sein Mitarbeiter, der auch seinen Teil der Opfergaben bekommt. Das Bild allerdings, das damit in Verbindung gebracht wird, ist das des Sündenbocks, ein Symbol, das sich im späteren Teufelsglauben erhalten wird. Mit Bocksfüßen versehen, gehörnt und einem bocksähnlichen Unterleib wird im Christentum der Teufel beschrieben und abgebildet werden. Vielleicht trugen aber auch die griechischen Mythen zu dem Bild des teuflischen Bocks bei. Um 330 v. Chr. unternahm Alexander der Große seine großen Eroberungszüge in den Nahen und Mittleren Osten. Dabei brachte er den eroberten Völkern, darunter auch dem jüdischen, seine eigenen Mythen mit. Darin spielt Dionysos, der Gott des Ekstase und des Weines, eine große Rolle. Er wurde häufig im Gefolge von Satyren, die halb Bock, halb Mensch waren, gezeigt. Es sollte also wieder einmal ein neuer politischer und kultureller Einfluss sein, der das spätere Teufelsdenken mitbestimmte.

Bereits in den Naturreligionen finden sich Dämonendarstellungen mit Bocksfüßen. Auch die Silen des Dionysos hatten welche. Der Teufel im Mittelalter trat fast nur in Bocksgestalt auf, häufig gepaart mit anderen Tiermerkmalen.

Die Kabbala oder die Ordnung der Teufel

Bereits bei den ersten Gnostikern gab es eine Dämonenordnung – im Mittelalter beriefen sich die Alchemisten darauf.

Das Geheimnisvolle an der Kabbala ist, dass sie ihre Erklärungsversuche mittels einer eigentümlichen Methode anstellt. Begründet ist dies in der Sprache des Hebräischen, denn sie kennt keine besondern Zeichen für Zahlen, sodass die Kabbalisten jedem Wort eine Zahl, jeder Zahl ein Wort zuordneten. Diese Methode nannten sie Gematria, Themurah und Notarikon und trug mit Sicherheit nicht wenig zur Legendenbildung bei. Als sich im Mittelalter immer mehr Gelehrte der Kabbala annahmen, war es auch der naturwissenschaftliche Aspekt der mathematischen Erklärung, der sie faszinierte. Nur wurde die Lehre dadurch noch weiter mystifiziert und unverständlicher.

Mit dem Fall der Engel sind wir an einer entscheidenden Stelle der Teufelsentwicklung. Hier sollten wir uns das mythische Engelsgebäude des jüdischen Glaubens näher ansehen und auch den Umgang mit der Magie, die ja auf das Strengste verboten war.

Die Menschen suchen nach Erklärung

Die Gesetze Gottes, die Moses am Berg Sinai empfing, enthalten schwer verständliche Passagen, die Auslegung ist Gelehrten überlassen. Die Menschen hatten seit jeher Erklärungsbedarf, noch dazu war ihnen aber nach eben jenem jüdischen Gesetz Magie und Übersinnliches verboten. Aus diesem Zwiespalt und aus dem Mangel an Erklärung entstanden die Geheimwissenschaften, allen voran die jüdische Kabbala, die zwar erst ab dem 13. Jh. n. Chr. ihre wahre Macht zeigen sollte, aber bereits im Urjudentum angelegt war. Die Kabbala (hebr. „Überlieferung") soll Moses zusammen mit den Gesetzen übergeben worden sein. Assyrisches, ägyptisches, althebräisches, astrologisches, später hellenistisches und wieder später ptolemäisches Wissen vereinen sich in ihr. Mit ihr soll der verborgene Sinn in den Schriften des Alten Testaments erfasst werden. Sicher ist, dass die kabbalistischen Inhalte über Generationen mündlich überliefert wurden und somit offen für jeden Einfluss waren. Erst später wurden sie aufgeschrieben. Aus den Patriarchenüberlieferungen (ca. 2000–1300 v. Chr.) haben sich theoretische Teile erhalten, mit Texten zu: dem Geheimnis Gottes, der göttlichen Person, der primitiven geistigen Schöpfung, dem ersten geistigen Fall, der Entstehung der Finsternis, dem Chaos und der erneuten Ordnung der Welt. Darüber hinaus enthält die Kabbala eine Ordnung der Magie in drei Klassen. Die erste, die Abgötterei wird mit dem Tode bestraft, die zweite, die Schwarze Magie, mit Geißelung, die dritte Klasse untersagt das Augurienwesen, wird aber nicht bestraft. Die Kabbala berücksichtigt, dass es in der menschlichen Natur liegt, Übersinnliches begreifen zu wollen. So teilen sie ihre Lehre in einen natürliche und in ein göttliche ein. Gott regiert den zehnstrahligen Lichtäther (Sephirot), darunter die Ordnung der Engel, der Mittelwesen und der Teufel. Die Mittelwesen teilen sich in vier Gruppen, aufgeteilt nach den vier Elementen, Feuer, Feuer/Luft, Feuer/Luft/Wasser und Feuer/Luft/Wasser/Mineralien. Die beiden letzten stehen dem Teufel, die beiden ersten den Engeln näher. Die Teufel sind der kabbalistische Sage nach eifersüchtig auf die Menschen und stiften sie so zur Sünde im Paradies an. Eine andere Sage erklärt, dass die beiden Engel Schauasi und Usael sich Gott widersetzten als er die Menschen erschaffen wollte. Gott verstößt sie deshalb. Die Kabbalisten versuchten sich die biblischen Vorgänge durch eine strenge Ordnung zu erklären. Sie benennen die Teufel wie die Engel und auf sie geht eine Unzahl von Teufelsbezeichnungen zurück. Mit der Zeit wird das Ordnungsprinzip von Gutem und Bösem immer ausgefeilter. Im Mittelalter werden die schriftlichen Überlieferungen der Kabbala eine zweifelhafte Bedeutung bekommen, denn die Kabbala hat gerade in Europa viele Anhänger und so beeinflusst sie den Hexenwahn und Teufelsglauben in ungeahnter Weise.

Der Materie Geist einzuhauchen, der Wandel von Unedel zu Edel und die Odnung der metaphysischen wie realen Welt, war das Ziel der Kabbalisten und Alchemisten.

Hellenisierung, die Essener, und die Saat Zarathustras

Die Lage Judäas im 2. Jh. v. Chr. war unerträglich: Überall hatten die syrischen Machthaber, durch Alexanders Eroberung vom Hellenismus infiziert, die heidnischen Statuen von Zeus und Jupiter aufgestellt, jüdische Bräuche wurden verboten. Dem angesehenen, alten Juden Mathias aus dem, von Jerusalem 25 Kilometer entfernten Ort, Modein, wurde aufgetragen, die Bevölkerung zu den heidnischen Bräuchen zu bekehren. Als er sich weigerte und den Syrier, der ihm dies auftrug, erschlug, floh er zusammen mit seinen fünf Söhnen in die Berge. Das war 167 v. Chr., ein Jahr später starb er und seine Söhne führten den Widerstandskampf weiter. Einer von ihnen wurde zum Anführer einer großen Schar Männer, die die Syrier schlugen: Judas Makkabäus. Dieser besetzte nun wieder Jerusalem, ließ alle heidnischen Zeichen entfernen und den Tempel reinigen. Zum Andenken daran feiert man noch heute ein fröhliches Fest: Chanukka.

Die alt jüdischen Glaubensüberlieferungen stehen dem Teufel deutlich feindlicher gegenüber in der Zeit des hellenistischen Judaismus. 332 v. Chr. müssen sich die Juden Alexander dem Großen unterwerfen. Der Zustand der Fremdherrschaft geht immer weiter und erst 1949 kommt es zu einem Staat Palästina, der allerdings bis heute nicht zur Ruhe gekommen ist. Zu geschichtsträchtig ist das Land, zu viele Völker erheben Anspruch darauf und zu energiegeladen sind die Orte, die für die drei großen Religionen Judentum Christentum und Islam bedeutungsvolle Heiligtümer darstellen.

Neue Einflüsse für das Judentum

Um 30 v. Chr. setzte eine landesweite Hellenisierung ein, die von der Oberschicht getragen wurde. Das Judentum gerät in ein tiefe Krise, jüdische Gesetze werden per Dekret verboten. Das wird nicht besser als die Römer das Land erobern unter deren Herrschaft Jesus schließlich der Prozess gemacht wird. Doch noch zu Zeiten des Hellenismus zieht sich eine Gruppe Strenggläubiger enttäuscht in die Wüste zurück. Es sind Essener, deren Fürsprecher „der Lehrer der Gerechtigkeit“ wird als ein Vorbote des Messias gekreuzigt. Als endlich Jesus erscheint, exisiert bereits ein Messianismus und das verunsicherte Volk, dessen Religion von den Besetzern herabgewürdigt wird, ruft nach einem Erlöser. In der Zeit rund um das Erscheinen Jesu, bis ins 6. Jh. hinein, entstehen neue Schriften, die plötzlich ein verändertes Weltbild zeigen. In der allgemeinen Verunsicherung wird ein Schuldiger gesucht, es ist Satan. Nicht mehr Ratsmitglied Gottes ist er, er wird zur Inkarnation des Bösen, der Verfluchte, der Feind Gottes. Die Essener berufen sich dabei auf persische Einflüsse, denn die Perser stehen ihnen zu diesem Zeitpunkt näher als die Griechen und Römer. Der persische Glaube fußt wiederum auf dem Mazdaismus, dem Dualismus

von Gut und Böse, der durch Zarathustra 600 v. Chr. diese Form erhalten hat. Da ist sie also wieder, die Konstellation des absolut Guten und des absolut Bösen, die nicht vereinbar sind. Zarathustras Saat geht 500 Jahre später in den Gedanken der Essner auf. Obwohl die Juden ursprünglich Gefangene Babylons waren, wo sie mit der mazdaistischen Religion reichlich Berührung hatten, so waren ihnen die Perser doch angenehm, denn die hatten sie aus der babylonischen Gefangenschaft befreit und sie fanden im Mazdaismus die einzige ebenfalls monotheistische Religion. Es kam aber etwas hinzu, was die persische Glaubenswelt nicht kannte. Die in ihrem Glauben verletzten Juden schürten Hass, sie suchten einen Schuldigen und ihr Glaube wurde apokalyptisch, sie glaubten an ein Ende der Welt. Das Jüngste Gericht, Satan und der ganze Katalog aus Schuld, Buße und Sünde nehmen Gestalt an.

Gerade im Zeitalter des Barock waren anakreontische, also ländlich-antike Schäferstückchen beliebt. Der Maler Nicholas Poussin schuf damals ein Bild mit dem Titel „Heroische Landschaft“ – ein Idealbild einer Zeit, die so ideal nicht war.

Die Namen des Teufels

Als Jesus auf Erden erscheint und das Christentum seinen Siegeszug um die Welt antritt, hat der Teufel bereits viele Namen, manche haben sich bis heute im Sprachschatz gehalten. Später sollten noch weitere hinzukommen, oder bestehende sollten sich verändern. Interessant ist auf jeden Fall, dass viele unserer heutigen Teufelsbezeichnungen durchaus noch aus altestamentarischen Zeiten und aus anderen Mythen stammen. Zur Zeit der essenischen Schriften wurden viele dieser mythischen Verwandten aus der mesopotamischen Dämonenwelt wieder hervorgeholt, um dem neuen Feind Gottes, dem Satan, einen Namen zu geben.

Im Namen des Teufels

Asmodi, der Verwüster, auch Samael genannt, wird von manchen für die Schlange gehalten, die Eva verführt hat und mit drei Köpfen, dem eines Stiers, eines Mannes und eines Widders, dargestellt. Dazu trägt er einen Schlangenschwanz, Gänsefüße und spuckt Feuer. Rabbiner behaupteten, dass er die sieben Männer Saras, der Tochter Rachels, getötet hat, um sich mit ihr zu vereinigen. Er gilt als Patron der Spielhöllen, steht für Verschwendung und Irrtümer.

Astarotte ist ein mächtiger Großfürst der Hölle und stammt von Astarte, der phönizisch-kanaäischen Göttin der Liebe ab. Er gleicht einem hässlichen Engel, reitet rittlings auf einem Drachen mit einer Giftschlange in der Hand.

Behemot, die Bestie aus dem Buch Hiob soll in vielen Tiergestalten auftreten.

Belfagor leitet sich von Baal-Fagor, der Gottheit der Moabiter ab. Bei den Kanaaern galt Baal als Hauptschöpfer der Natur. Bei der Wanderung durch die Wüste sollen die Israeliten mit Baal orgiastische Feste gefeiert haben. Ein genialischer Dämon, der sich auf Erden eine Frau genommen haben soll, aber in die Hölle zurückkehrte, weil er die Martern dort der Ehe vorzog.

Für den Teufel wurden viele Namen gefunden. Neben den biblischen haben sich vor allem auch in jedem Land viele volkskundliche Bezeichnungen überliefert: Bitru, Daus, Erzfeind, Leibhaftiger, Höllenfürst, Gottseibeiuns, Sparifankerl, Junker Hinkefuß, Gehörnter, Schwarzer, Oger, Abbadon, Teixel, Unhold, Urian, Versucher, Federlin, Flederwisch, Grünwandel, Größlin, Großnickel, Hinz, Hans vom Busch, Kreitle, Kunz, Kehrwisch, Rotmännli, Rumpel, Wegetritt, und noch viele mehr.

Belial, der Böse, leitet sich ebenfalls von Baal ab, den die Propheten des Alten Testaments mit Verwünschungen belegten. Er ist der Dämon der Päderastie und wurde in Sodom angebetet.

Belzebub gilt als der Fürst der Dämonen und kommt in der Machthierarchie nach Satan, dem er sich widersetzt hat. Sein Name stammt vom semitischen „zbl" (= Mist, Dung) ab. Er ist der Herrscher des Reichs der Finsternis und kommt in den Beschreibungen dem späteren Teufelsprototyp sehr nahe: groß gewachsen, dunkelhäutig, mit geblähter Brust, sprühenden Augen und Hörnen, auf dem Rücken sitzen Fledermausflügel.

Leviathan ursprünglich das Symbol ägyptischer Pharaonen, wird im Alten Testament beschrieben. Er tritt als Schlange oder Krokodil auf, und wird zur Unterstützung bei bösen Taten angerufen.

Die Vorstellungen der Hölle waren so vielgestalt wie die Vorstellungen vom Teufel selbst. So glaubte man auch, der Teufel sei ein Riesenofen, der in seinen Eingeweiden die Hölle beherberge.

Satan, abgeleitet vom semitischen Satan (Widersacher, Ankläger, Versucher, Gegner, Feind) gilt als der ungekrönte Fürst des Bösen. Selbst in den Ordnungen der Teufel, die nach Grad und Bestimmung, Schwäche und Stärke ihres Wirkens eingeteilt sind, wird er immer als Einzelwesen hervorgehoben.

Luzifer (lat. „Lichtbringer") gibt einen Hinweis auf den Ursprung der Engel. Bei ihm manifestiert sich der Engelssturz im Namen: er gilt als der Anführer der rebellischen Engel, die Gott herausgefordert haben und danach gefallen sind.

Reiz und Sünde, Unschuld und Hure, Mutter und Geliebte – zwischen diesen Polen sollte sich das Frauenbild fortan bewegen, eine Überinterpretation, die nur Unglück bringen sollte und für deren Ursache man einen Schuldigen suchte: den Teufel.

Das weibliche Böse

Zum Bild des absolut Bösen gesellte sich ein weiteres Element, das allen späteren Hexenverfolgern und Teufelsaustreibern Vorschub leisten sollte. Im Alten Testament wird beschrieben, wie das Ansehen jüdischer Frauen seit der babylonischen Gefangenschaft immer tiefer sank und in den intertestamentarischen Schriften der Essener finden sich Stellen, die Frauen als einen Irrtum der Natur bezeichnen. Die Misogynie, der Frauenhass, findet Einzug in die Bibel und die Glaubenswelt, und wird ein paar Jahrhunderte später zu einem grausamen Höhepunkt führen.

Die Ursünderinnen

Aus dem Mazdaismus kannten die Juden bereits Ischtar, jene männermordende Megäre, deren Vagina ihre gefährlichste Waffe war. Dieser Frauentypus findet sich wieder in der Kabbala. Demnach hat Gott vier Teufelinnen geschaffen; Lilith, die in Gestalt Evas Adam verführt haben soll, Naamah, die Gattin des Teufels Shereon, Machlath, Befehlshaberin über 470 Rotten und Iggereth, die mittwochs und freitags mit 1800 Geistern herumschwärmt. Die Frau wird allgemein als vom Teufel verführbar beschrieben, als erste hat sich ihm Eva hingegeben. Da die Essener die Meinung vertraten, dass die Tugend über allem Materiellen stehe – sie selbst lehnten jedoch die Ehe ab – war die für Fruchtbarkeit und somit Körperlichkeit zuständige Frau das Feindbild. Für die ganze Mühsal der Welt, nach der Vertreibung aus dem Paradies, wird eine Frau verantwortlich gemacht und sie hatte sich darüber hin-

Mit der Hellenisierung schwappte eine Welle der sexuellen Freizügigkeit nach Israel über. Das Prostitutionswesen war den Griechen solange bekannt wie es Tempel gab. Der sogenannte Melitta-Kult, jene Form religiöser Prostitution, hatte den Beischlaf als Mittel die Götter gnädig zu stimmen, vorgesehen. Der Hetärenkult war salonfähig. Den Dirnen waren auch die Rezepturen der Zaubertränke bekannt, die sowohl Impotenz wie Potenz hervorrufen können. Sie brauten Aphrodisiaka und Narkotika und natürlich auch Gifte. Eine der berühmtesten Huren war Lamia. Später sollten die Nachtgespenster den Namen Lamien erhalten. Der Hekatekult rankte sich um ihre Anführerin Hekate, eine zunächst friedliche Mondgöttin. Ihre Anhängerinnen, die thessalischen Weiber sollen durch die Luft geflogen sein. Mit der Zunahme einer patriarchalischen Mythologie geriet Hekate immer mehr in Misskredit und wurde zur Göttin der Hexen.

aus vom Teufel dazu anstiften lassen. Man hatte also zwei Feindbilder gefunden – den Teufel auf mythischer Ebene und die Frau auf irdischer. Diese Schuldzuweisung sollte durch das Christentum immer mehr Geschwindigkeit und neue Nahrung bekommen.

Der präraffaelitische Maler Dante Gabriel Rosetti stellte „Lady Lilith" 1864 als Inbegriff der verführerischen, selbstverliebten Frau dar. Sie soll nach dem jüdischen Volksglauben Adams erste Frau gewesen sein, in der Kabbala wird sie als Mutter der Dämonen und als Königin des Bösen beschrieben.

Diese Wendung hin zur Misogynie kommt natürlich nicht von ungefähr. Schon Moses geht mit den Frauen in sittlichen Fragen strenger ins Gericht als mit den Männern: so gibt es Gesetze wie etwa dies: Frauen, die ihre Brüste auf dem Marktplatz entblößen, um ihre Kinder zu säugen, sind an den Brüsten aufzuhängen; Jungfräulichkeit ist unerlässliche Mitgift, bestand sie bei der Eheschließung nicht mehr, wurde die Frau mit dem Tode bestraft. Sodom und Gomorrha waren der Inbegriff der Versündigung. Die Kabbalisten sollten es später noch akzentuierter schreiben:
„Das Weib steht als reale Naturseite dem Dunkel der Nacht näher als der Mann und ist den Reizungen und Versuchungen des Satans unmittelbar ausgesetzt. List, Neugierde, Vorwitz, der Trieb, durch Reize den Mann zu fesseln, den sie durch die Macht nicht zwingen kann, Schlangenlust, das Vorgestellte zu verwirklichen, sind die Eigenschaften der Schattenseite. Darum hat das Weib den Zugang zu verborgenen Kräften, um durch allerlei Zaubermittel ihr Werk zu erreichen".
Nach dem Talmud (Kommentar zum Alten Testament aus der Zeit um 189 v. Chr.) bilden Teufelspakt und Buhlschaft die Hauptbestandteile der jüdischen Magie.

Mit dem hellenistischen Einfluss kamen neben den herausragenden, philosophischen Leistungen auch die Moralvorstellungen der Griechen und ihrer Götterwelt zu den Juden. Ein Vermischung der Werte setzte ein. Polytheismus und Monotheismus stießen aufeinander. Hier erscheint die griechische Vielgötterei in einer Verehrungszeremonie der Göttin Ceres, die für Nahrung und Ernte steht, gemalt von Peter Paul Rubens.

Der Einfluss der griechischen Philosophie

Mit der hellenistischen Kultur verbreitete sich auch die griechische Philosophie in Judäa. In der Folge bildeten sich im gesamten Mittelmeerraum neue philosophische Gruppierungen. Allerdings wurden die Lehren stark verwässert oder neuinterpretiert. Dem Ideologisieren war Tür und Tor geöffnet.

Die Neupythagoräer und der Neuplatonismus

Als sich im Laufe des 2. Jh. v. Chr. die Grundlagen der jüdischen Glaubensvorstellung auflösten, entstanden die Neupythagoräer. Sie versuchten Philosophien Platons, Aristoteles und der Stoiker mit monotheistischen Elementen zu verbinden. Sie bildeten die philosophischen Grundlagen aus für den um ca. 100 n. Chr. entstehenden Neuplatonismus.

Platon (427–347 v. Chr.) hatte in zahlreichen Schriften eine Ideenlehre entwickelt, die auf Logik und Wissen basiert. In engem Kontakt mit den Stoikern, deren berühmtester Vertreter Diogenes war, nahm er den Gedanken von der Unsterblichkeit der Seele auf. Basierend auf den Lehren Platons bildete sich nach seinem Tod eine Philosophie heraus, die zwischen Gott und den Menschen Mittelwesen anerkannte, deren Oberhaupt Gott selbst war. Gebete waren das

Mittel, zwischen Sterblichen und Unsterblichen zu vermitteln, dazu bildeten sich die Stände der Priester und der Wahrsager heraus. Auch das zoroastrische Prinzip von Gut und Böse wurde in diese Lehre integriert. Platon selbst glaubte nicht an Zauberei und hielt Wahrsager für Scharlatane. In den Lehren der Neuplatoniker gehen viele dieser Einflüsse der damaligen Zeit auf und so verbinden die Neuplatoniker die Lehre Platons auch mit der Kabbala, führen ebenfalls Beweise via Zahlen und Zeichen. Für sie ist alles Geistige gut, alles Sinnliche und Leibliche böse, die Welt ist in einen Stufenbau des Seins unterteilt. Alexandria gilt als die Hochburg des Neuplatonismus, ihre berühmtesten Vertreter sind Plotin, Plutarch und Philo, die eine philosophische Zauberlehre propagieren. Einflüsse übten auch berühmte Zauberer im 1. Jh. n. Chr. aus, wie Simon Magnus und Apollonius von Tyana. Da ihre Voraussagen häufig eintrafen, erlangten sie großes Ansehen. Magie, religiöser Fanatismus, und heidnisches Brauchtum lagen im ständigem Widerstreit oder vermischten sich sogar. Eine Zeit, die zur Neugründung einer neuen religiösen Bewegung wie geschaffen war.

Dem Neuplatonismus sollte eine lange Karriere beschieden sein, die in unmittelbarem Zusammenhang mit dem Teufelsbild des Mittelalters steht, denn zu dieser Zeit beriefen sich viele Gelehrte wie Augustinus und Dionysios Areopagita auf den Platonismus, mischten dabei aber vieles mit neuplatonischem Gedankengut. Das setzte sich in der Renaissance fort. Auch hier symphatisierten die Gelehrten der Platonischen Akademie in Florenz, Pico della Mirandola und Ficinius um 1500 mit dem Neuplatonismus und reicherten ihn mit Astralmystik und der Kabbala an. Besonders Agrippa von Nettesheim (1486–1535) verfeinerte dieses philosophische System und Paracelsus leitete daraus seine praktische Nutzanwendung ab. Wir werden darauf noch in späteren Kapiteln zurückkommen, denn vor diesem geistigen Hintergrund entsteht die faustische Zauberlehre und der Okkultismus.

Die Vermischung von antiker Weisheit und Magie zeigt sich bei vielen Neuplatonikern in den ersten drei Jahrhunderten n. Chr., als die Christianisierung noch nicht fortgeschritten ist. Plotin (205–270) gilt als Schwärmer und ist dem Geisterglauben verhaftet. Der Jude Philo (20 v. Chr.–50 n. Chr.) von Alexandria erklärt, durch Einsamkeit und Askese könne man mit den Geistern in Kontakt treten. Jamblichus (um 330 n. Chr.) steht für eine Lehre des geheimen Handelns aus Zeremonien und Zeichen, Porphynius bekennt sich zu Zauberei und Beschwörung.

Lettres Finales	Figure		Noms	Lettres correspondantes	Pouvoir numérique
Mère	א	1	Aleph	- - -	1
Double	בּ	2	Baith	B	2
	ב		Vaith	V	- -
	ג	3	Gimmel	G	3
	ד	4	Daleth	D	4
Simple	ה	5	Hay	H	5
	ו	6	Wav	W	6
	ז	7	Zayin	Z	7
	ח	8	Cheth	Ch	8
	ט	9	Teth	T	9
	י	10	Yood	Y	10
Double	כּ	11	Caph	C	20
	כ		Chaph	Ch	- -
Simple	ל	12	Lamed	L	30
Mère	מ	13	Mem	M	40
Simple	נ	14	Noon	N	50
	ס	15	Samech	S	60
	ע	16	Ayin	- - -	70
Double	פּ	17	Pay	P	80
	פ		Phay	Ph	- -
Simple	צ	18	Tzadè	Tz	90
	ק	19	Koof	K	100
Double	ר	20	Raish	R	200
Mère	שׁ	21	Sheen	Sh	300
	שׂ		Seen	S	- -
Double	תּ	22	Tav	T	400
	ת		Thav	Th	- -

Der Zahlenwert der hebräischen Buchstaben, wie er in der Kabbala verwendet wird.

Zeittafel 400 v. Chr. – 600 n. Chr.

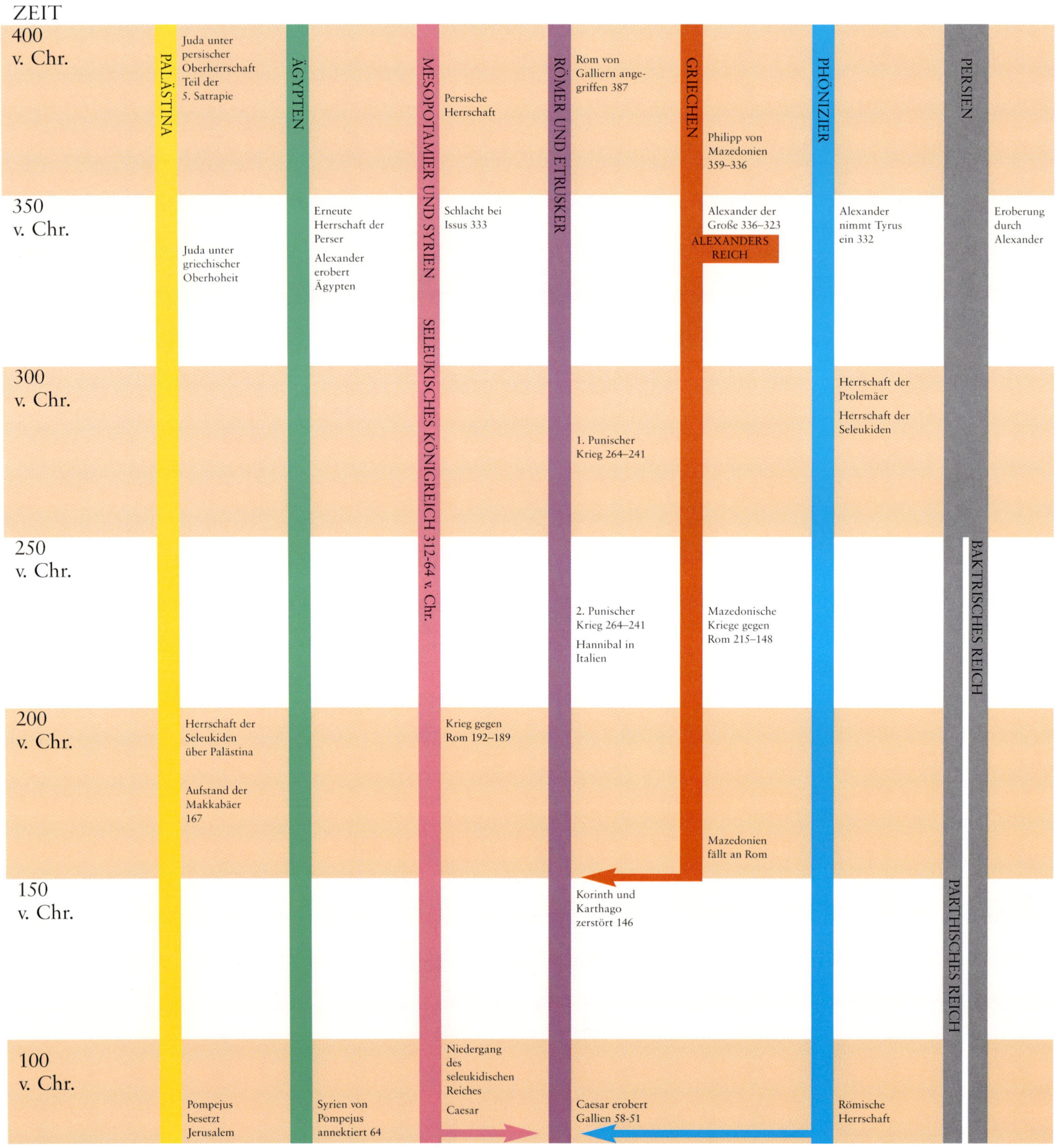

ZEIT	PALÄSTINA	ÄGYPTEN	RÖMISCHES REICH 27 v. Chr. - 565 n. Chr.	PARTHISCHES REICH 170 v. Chr. - 226 n. Chr.	GERMANEN	ARABER
50 v. Chr.		→ RÖMISCHES REICH				
25 v. Chr.						
1–50 n. Chr.	Pompejus unterwirft die Juden den Römern 63 Zerstörung Jerusalems durch Titus 70		Lucius Domitus Nero. Erste Christenverfolgung 54–68 Jerusalem durch Titus zerstört 70 Titus – beim Ausbruch des Vesuv 79–81			
100 n. Chr.			P. Aelius Hadrianus, ordnet das Verwaltungs- und Gerichtswesen 117–138 Aufstand der Juden 132–135 Marcus Aurelius Antonius 161–180			
150 n. Chr.						
300 n. Chr.			Diocletianius (Christenverfolgung) 284–305 Constantinus der Große Alleinherrscher 323–337		Beginn der Völkerwanderung 375 Die Westgoten 378 Die Angeln und Sachsen erobern Britannien 449	
600 n. Chr.						Mohammed aus dem Stamme Kureïsch, geb. 571 zu Mekka

Jesus begegnet dem Satan

Jesus, der die Blinden heilt und die Lahmen gehend macht – doch immer befreit er sie dabei auch von dem Bösen – ein Hinweis, dass Jesus die Gebrechen als ein Zeichen des Teufels nimmt und die Krankheit „exorziert". „Die Heilung der Blinden" wurde im 17. Jahrhundert von dem flämischen Maler van der Ley angefertigt.

In den Evangelien der Apostel Markus, Lukas und Matthias findet sich die Geschichte von der Versuchung Jesu durch den Satan in der Wüste. Hierbei ist nach der Stellung des Teufels zu diesem Zeitpunkt zu fragen: Ist er noch Helfershelfer Gottes oder handelt er schon als der Widersacher Gottes, als Verderber?

Die Begegnung mit dem Teufel in der Wüste

Nachdem Jesus 40 Tage in der Wüste gefastet hat, erscheint ihm Satan und führt ihn auf einen Berg. „Wenn du Gottes Sohn bist, dann stürz dich hinab, denn ... seinen Engeln wird er dich anbefehlen und sie werden dich

auf Händen tragen, damit du deinen Fuß an keinem Stein stoßest". Aber Jesus erwidert ihm: „Es steht auch geschrieben: du sollst den Herrn deinen Gott nicht versuchen". Der Satan versucht es ein zweites Mal und verspricht ihm die Welt, wenn er ihm huldigt, worauf ihm Jesus sein berühmtes: „Hinweg, Satan, ..., dem Herren deinem Gott sollst du dienen und sonst keinem!" entgegenwirft. Ist sich Gott nicht sicher und prüft seinen Jesus oder handelt der Teufel ganz eigenständig und ist nun also der erklärte Feind Gottes? Aufgrund historischer Fakten kann man annehmen, dass Jesus mit den Essenern Kontakt hatte und so mit dem mesopotamischen Dualismus von Gut und Böse in Berührung kam. Hinzukommt ein ebenfalls essenisches Element, wonach man glaubte, die Ankunft des Messias würde beschleunigt, wenn man den Satan zähmte. Verfolgt man Jesu Reden und Handeln, dann erkennt man, dass alles vom Willen, den Satan zu beseitigen, durchdrungen ist und, dass er die Menschen von bösen Mächten befreien wollte: „Als es Abend geworden war, brachte man viele Besessene zu Jesus und er trieb die Geister durch ein Wort aus". Als Jesus in Kapernaum einen toll gewordenen Mann von seinem Leid befreite, glich das einer Teufelsaustreibung, wie bei anderen seiner Wunderheilungen auch. Demnach erachtete er Krankheit als unrein, so zu lesen in den Worten des Aussätzigen zu Jesu: „Wenn du willst, kannst du mich rein machen". Diese Lesart von Krankheit sollte sich die Hexenverfolgung des Mittelalters zu eigen machen, denn körperliche Versehrtheit, Buckel, Lahmheit, Epilepsie, Pest, Schwachsinnigkeit, sie alle waren den Inquisitoren untrügliche Zeichen von Teufelsbesessenheit. Vielleicht hat auch die massive Dämonenverfolgung und diese messianische Form des Exorzismus zu einer Furcht beigetragen, die die Menschen im ersten Jahrhundert n. Chr. ergriff – die Furcht vor der Apokalypse, dem Weltuntergang. In der Zeit widersprüchlichster Glaubensvorstellungen sind Jesu Worte und Taten Wasser auf den Mühlen eines, am Glauben zweifelnden, Volkes und fachten diesen, seit gut 200 Jahren schwelenden, Zustand noch zusätzlich an. Fanatiker, Schwärmer, Eremiten, Zauberer, Scharlatane, Philosophen, sie alle buhlten um Anhänger. Man muss also sehen, dass Jesus an einem Punkt höchster spiritueller Irritation erschien, um den Siegeszug des Christentums, aber auch die ungebremste Karriere des Teufels zu begreifen.

Mehrmals versucht der Teufel Jesus, meistens in der Wüste. Warum dort? Vielleicht, weil ihm Jesus, der in der Wüste fastete, als geschwächt genug für die Verführung erschien oder waren nur Jesu Sinne nach der Askese besonders geschärft?

Sexualität ist Teufelswerk

Die bereits im Alten Testament erwähnten biblischen Städte des Toten Meeres, Sodom und Gomorrha, wurden zum Synonym für Lasterhaftigkeit. Der sittliche Verfall dieser beiden Städte, deren sexuelle Exzesse Gottes Zorn hervorriefen, war ihr Untergang. Allein Lot und seine Frau erhielten die göttliche Erlaubnis zu fliehen, unter der Bedingung, sie dürften sich nicht umsehen. Als Lots Frau es dennoch tat, erstarrte sie zur Salzsäule. Die heutige Landschaft um Sodom weist einen eigentümlichen Felszacken auf, der „Lots Weib“ genannt wird. Einer älteren Überlieferung nach, soll diese Geschichte die Entstehung des Toten Meeres symbolisieren. Da dort große Schwefelvorkommen sind, könnten diese das Vorbild für den sündhaften Gestank der Stadt abgeben. In späteren Teufelsprozessen wurde häufig Schwefelgeruch als Beweis für das Erscheinen des Teufels angeführt.

Die polytheistischen Kulturen hatten immer auch einen unverkrampften Umgang mit der Sexualität. Das promiskuitive Verhalten ihres Götterpantheons war auch ein Spiegel der irdischen Gesellschaft. Das sollte sich mit Auftauchen des zoroastrischen und jüdischen Monotheismus ändern.

Trieb und Teufel

Seit den Gesetzen Mose, die er von Gott erhalten hatte, war die eheliche Treue, insbesondere die der Frauen, Vorschrift, orgiastische Feste verboten, Zauberei und Beschwörung verpönt. Hurerei wurde zwar geduldet und besonders auf den großen Handelswegen der damaligen Zeit betrieben, doch sittliche Vergehen wurden geahndet. Nicht so in Griechenland, wo der Dionysos-Kult exzessive Nachahmer fand, das Hetärenwesen sehr verbreitet war und ähnlich wie im römischen Kulturkreis Hexenkünste, Augurenwesen und sexuelle Befriedigungen in jeglicher geschlechtlichen Kombination offiziell gebilligt, ja zelebriert wurden. Die phallusorientierten Waldgottheiten, und den griechischen Gott Pan, die Satyren, Faune und Silene, sollten, dem späteren christlichen Teufel ihre äußere Gestalt abtreten. Vor allem der in allen polytheistischen Kulturen vorkommende Walddämon, mit seinem ernormen eregierten Glied, war es, der dem christlichenTeufel das Attribut der Geilheit verlieh. Allerdings waren diese Walddämonen zu keinem wirklichen Geschlechtsakt fähig, woraus die späteren Kirchengelehrten einen grausigen Beweis ableiteten. Denn sie unterstellten dem Teufel oder demjenigen in den er gefahren sein sollte, dass er sich Samen und Geschlechtsorgan von einem anderen Mann ausleihen musste. Das Teufelssperma wurde im Kirchenlatein deshalb „croceum frigidum“ (gelblich und kalt) genannt, was den Zustand bezeichnet, der zwischen Ent-und Anwendung lag. Bereits die sich um 200 v. Chr. separierenden Essener, die die sexuelle Abstinenz predigten, verstanden verführende Weiblichkeit und Lüsternheit als Waffen weiblicher

Sataninnen. Die essenische Ablehnung des Körperlichen zugunsten des rein Geistigen war der Prüderiekanon, den die Fürsprecher des Urchristentum nur zu gerne übernahmen, war es doch ein Mittel, fremdartige Sitten und Gebräuche auszuschließen. Nicht zu vernachlässigen ist auch, dass die Glaubensbewegung um die Zeit Christi zu 100 Prozent von Männern getragen wurde.

Die Weiblichkeit, die jedem Mann gefährlich werden konnte, sollte aber noch weiter demontiert werden. Der Verführer in Person, der Teufel, war dazu gerade recht. Ihm konnte die Rolle des Verführers und Verderbers zugeschoben werden. Denn wer anders als der Teufel konnte in einen Mann gefahren sein, wenn er schwach wurde und sich der Lüsternheit hingab. Der Teufel bekam also nicht nur durch Kondensieren verschiedener Mythen sein Image. Die Triebunterdrückung bekam mit ihm einen Namen, er lebte das aus, was verboten war. Das Schuldigwerden konnte endlich benannt werden, denn der Sexualtrieb war der Teufel, der in jedem steckte und von dem es galt befreit und erlöst zu werden. Hier lag der Grundstein für alle folgenden Teufels- und Hexenprozesse, wobei jeder Hexenprozess ein Teufelsprozess war. Denn nichts anderes wurde den armen Frauen und Männern zur Last gelegt, als mit dem Teufel eine Buhlschaft, ein sexuelles Verhältnis zu haben. Diese bereits früh angelegte Triebunterdrückung sollte ihr Ventil in jahrhundertelangem, grausamen Morden finden.

Bereits bei den Juden war fleischliche Sünde ein schweres Vergehen und im Mittelalter galt Verführung als sehr schlimmes Verbrechen. Dante, dessen göttliche Kommödie eine Klassifizierung der Sünden enthält, schilderte wie die Teufel die Kuppler und Verführer auspeitschten, hier dargestellt in einem Stich von Gustav Doré.

Der Teufel erobert das Abendland

Mit Christi Geburt begann die eigentliche Karriere des Teufels, sein Siegeszug im Abendland und nur mit kurzer Zeitverzögerung, auch seine Karriere in den islamischen Ländern. Das biblische Land, in dem Jesus wirkte, war ein Schmelztiegel der Kulturen und Religionen und bereits seit der zoroastrischen Revolution hatte der Teufel zunehmend an Gestalt gewonnen. Fristete er im Urjudentum noch ein eher untergeordnetes Dasein, so konnte er mit der Verbreitung des Christentums, der Einführung der Erbsünde und vor allem mit der sich formierenden Kirche, zur Hochform auflaufen. Das schwärzeste Kapitel in der Biografie des Teufels beginnt!

Jesus als Exorzist

Carlo Innnocenzo Carlone (1686–1775) schuf diese Skizze in Öl, die die Krönung des Tugendhelden beschreibt – eine deutliche Allegorie auf die göttliche Gnade nach einem sündenfreien Leben. Durch Jesu Exorzismen konnte die gefallene Seele auch bei Lebzeiten von den Sünden befreit werden.

Die Wunder, Reden und Taten, die Jesus vollbringt, werden zunächst mündlich weitergegeben. Einer der ersten, der sie aufzeichnete, soll Paulus mit den sogenannten Paulusbriefen gewesen sein. Darin wird (beispielsweise in 2. Kor. IV. 4) ähnlich wie im Johannesevangelium (Joh 8; 18,7; 7,18–19) das Bild eines Jesus gezeichnet, der in allererster Linie Teufelsaustreiber ist. Seine Wundertaten richteten sich in der Hauptsache auf die Befreiung der Menschen von dem Bösen. So findet man in den Evangelien nicht weniger als 52 Eintragungen zum Thema diabolischer Besessenheit!

Bewegte Zeiten

Die Stellung des Teufels als Erzfeind Gottes und Verderber der Menschheit verfestigte sich in den ersten 400 Jahren des christlichen Zeitalters. Da erhielt auch die Schlange den Nimbus des Teufels und der aus dem Buch Henoch bekannte Luzifer, der schönste aller Engel, ist der gefallene, der zum Teufel mutierte. Gerade im 4. Jh. nach Christus beschäftigte die Kirchengelehrten die Frage, warum er als Engel stürzen konnte. Die Beweisführung nannte u. a. Eifersucht auf Jesus, Wolllust, Neid und von Gott nicht autorisierten Geschlechtsverkehr mit den Menschen. Doch nichts war so richtig schlüssig. Schließlich postulierte die Kirche in ihrem

Paulus stammte aus einer streng jüdischen Familie aus Tarsos. Er wurde um 10 n. Chr. geboren und erlernte das Sattlerhandwerk. Sein jüdischer Name war Saulus. Nach einem theologischen Studium in Jerusalem wurde er zum religiösen Eiferer, der die jüdische Religion durch das Christentum angegriffen sah. Als ihm Christus erschien und ihn zum Heidenmissionar berief, entstand darüber die Legende der Saulus-Paulus-Wandlung, die in den Apostelgeschichten erzählt wird. Fortan missionierte er im Mittelmeerraum und verteidigte die Gemeinden gegen aufoktruierte Glaubensgesetze. Er konnte freie Glaubenswahl durchsetzen, ein Novum in einer Zeit, da Religion per Gesetz verordnet wurde. Um 64 ist er im Zuge neronischer Christenverfolgung umgekommen. Seine Leistungen als Missionar und Theologe machten Paulus zur bedeutensten Figur des Urchristentums, mit nachhaltiger Wirkung auf die weitere Kirchengeschichte.

vierten Laterankonzil 1215 Luzifer einfach als gefallenen Engel, basierend auf der Paulinischen Lehre der Engelshierarchie, welche aus Erzengeln, Seraphim und Cherubim besteht. Die Engel gelten als feinstoffliche Vermittler zwischen Gott und Materie. In dieser hauptsächlich aus den Lehren Paulus hervorgegangenen Urkirche, die noch keine Dogmata kannte, konzentrierte man sich immer mehr auf die Figur des Teufels, denn sie war seit Jesu Erscheinen auf Erden zur Bedrohung geworden. An dieser Stelle muss man erneut den Blick auf die politische Karte der ersten 400 Jahre nach Christus richten. Die Anhänger Jesu, die seine Lehren verbreiteten, taten dies unter großen Gefahren. Wo sie auch wirkten, es war der Einflussbereich der Weltmacht Rom, die zunächst die aufrührerischen Lehren als Gefahr für den Machterhalt sah. Die Schauhinrichtungen der ersten Christen im Kolosseum in Rom sind legendäre Zeugnisse. Schließlich erklärte Konstantin der Große 312 die christliche Religion zur Staatsreligion – eine Revolution! Doch dem Siegeszug des Christentum stehen noch viele Hindernisse bevor. Der größte Rivale neben dem hellenistischen und römischen Volksglauben ist das Judentum. Jede mediterrane Siedlung hatte ihr jüdische Gemeinde, die getreu dem Alten Testament lebte, nachdem sich die essenischen Gedanken nicht hatten durchsetzen können. Für sie alle ist der Teufel keine Schreckgestalt, denn ihnen ist auch jeder Gedanke an Schuld und Sühne und der rein christliche Erlösungsgedanke fremd. Der christliche Hebel der Angsterzeugung kann nicht greifen. Die christliche Kirche muss sich also mächtig anstrengen, für ihre mit Angst beladene Glaubenssache Anhänger in der heidnischen Welt zu finden. Dazu bedurfte es eines alten kulturrevolutionären Tricks.

Der Teufel im Urchristentum und die Gnostiker

Besonders im spanischen Raum verbreiteten sich die gnostischen Lehren schnell, da sie von den Arabern mitgebracht wurden. In dieser Miniatur aus dem 5. Jh. befiehlt der Zauberer Hermogenes, in Gegenwart der Pilger von Compostela, den Teufeln den Apostel St. Jakobus herbeizuschaffen.

Ein ebenfalls auf da Urchristentum zurückgehender Begriff, der allerdings bereits Ansätze im Spätjudentum hat, ist die Figur des Antichrist. Dieser ist eine dem Messias vorausgehende Gestalt, die das Widergöttliche personifiziert und die gegen Gott arbeitet. Nach neutestamentarischen Auffassungen kann es mehrere Antichristen geben, die sogar mit realen Personen etwa mit Nero oder Mohammed personifiziert werden. Er entspricht auch der Vorstellung des teuflischen, absolut Bösen.

Der frühe Kirchenvater Klemens von Alexandrien verfiel im 2. Jh. auf die Idee, allen heidnischen Göttern den Teufel zuzuordnen, um den Anhängern der Volksreligionen die Angst vor dem eigenen Götterpantheon einzuimpfen. So wurde Zeus zum Satan, Jupiter zu Baal. Ein Trick, den die Griechen bereits angewendet und so mesopotamische Götter zu den ihren gemacht hatten. So mutierte Baal Hadad zu Zeus, der wiederum bei den Römern zu Jupiter wurde. Auf diese Weise waren es die Römer „gewohnt", Götter zu übernehmen und das erklärt ein Stück weit den Siegeszug des Christentums im römischen Reich. Man nennt diesen dramaturgisch-mythischen Handgriff auch „interpretatio graeca".

Wer ist stärker, wem glaubt man mehr?

Doch obwohl das Christentum kaum mehr aufzuhalten war, kam die größte Gefahr aus den Reihen der Geheimwissenschaften und Freiprediger, den so genannten Gnostikern. Sie gingen zum Teil aus den bereits erwähnten Neuplatonikern und Kabbalisten hervor. Da ihnen alles Fleischliche Sünde war, konnten sie auch nicht die Fleischwerdung Jesu akzeptieren, im Gegenteil, durch sein irdisches Dasein erschien er ihnen als Träger des Bösen. Sogar das Johannesevangelium enthält gnostische Züge, wenn darin geschrieben steht: „Ich werde nicht mehr mit euch reden, denn der Fürst der Welt (Teufel) kommt". Ihrer Interpretation nach war auch Jesus befleckt, Produkt einer Sünde. Mit ihrer Demontage des Erlösers stellten die Gnostiker eine echte Gefahr für die ersten Kirchenväter dar. Die mittels Magie und Wissenschaft agierenden Mystiker Simon Magnus und Apollonius von Tyana, die wir bereits an anderer Stelle kennengelernt haben, propagierten ihr, die Urkirche schädigendes, Weltbild ebenso eifrig und erfolgreich wie die Sabier, die Anhänger Johannes des Täufers. Schließlich wur-

den im 5. Jh. sämtliche gnostischen Bünde mit dem Kirchenbann belegt. Doch es gab noch andere häretische(lat. härere „zweifeln") Strömungen, die ein flächendeckendes Christentum vereitelten. Sämtliche ihrer Zweifel machten sich an der Figur Jesu fest. Die einen glaubten nicht an seine Existenz, die anderen sahen in ihm nur einen Menschen, der einen göttlichen Auftrag hatte, wodurch der christliche Erlösungsgedanke und auch die Rolle des Satans an Bedeutung verlor. Eine Spaltung bedrohte die noch zarte Pflanze des Urchristentums. Diese Gnostiker, Zweifler und Häretiker aller Art mussten eliminiert werden. Die junge Kirche mobilisierte nun alle Kräfte, um diejenigen zu bändigen, die Gott, Jesus oder Satan eine andere Rolle zudachten als sie selbst. Die Kirche errichtete die ersten Scheiterhaufen, denn was hell lodert, findet weit mehr Beachtung als alle Worte! Man schrieb das 4. Jahrhundert nach Christus!

Ringförmig umschließen die ungeheuren Ausmaße des Römische Reichs kurz vor Christi Geburt das Mittelmeer und vereinen so die unterschiedlichsten Völlker. Gut nachzuvollziehen ist demnach auch, wie rege der Kulturaustausch stattfand, zumal die Reise- und Handelstätigkeit, neben den kriegerischen Bewegungen, enorm war.

Konzile für und gegen den Teufel

Christus verleiht Petrus die geistige und Konstantin dem Großen die weltliche Macht. Ein Mosaik (10. Jh.) in der Basilika G. Giovanni di Laterano in Rom.

Ein Diskussionspunkt der ersten Konzile war die Existenz der Engel. Nachdem in der frühen Kirche deren Existenz zunächst kontrovers diskutiert wurde, beschloss man bereits in der Konferenz zu Braga 561, dass die Lehre von den Engeln ein verbindlicher Glaubensgrundsatz sei. Im vierten Laterankonzil von 1215 antwortete die Kirche auf die Frage, wer der Teufel sei, präzise: ein gefallener Engel. Einer der größten Teufelsspezialisten, der zur Hoch-Zeit der Hexerei wirkende Arzt Johann Weyer hat im 16. Jahrhundert eine Auflistung von Teufeln verfasst, die er entsprechend der kabbalistischen Engelshierarchien aufteilte.

Die mannigfaltigen häretischen Gruppen, Gnostiker aller Art und Laienprediger wuchsen sich zu einer großen Bedrohung für die noch nicht gefestigte Kirche aus. Die Zweifel an den Grundfesten der urchristlichen Kirche machten es schwer, die Religion überall mit Konsequenz durchzusetzen. Der Teufel schien ein geeignetes Mittel zu sein, Furcht zu schüren und damit Anhänger zu sichern, doch auch darin war sich die Kirche uneins, wie man an folgendem Beispiel sehen kann. In Spanien begann um 384 ein Laienprediger eine asketische Lehre zu verbreiten, die die Macht des Teufels mit solcher Heftigkeit predigte, dass die Bischöfe ihn und seine fünf Verbündeten auf den Scheiterhaufen schickten. Die Anklage lautete auf Schwarze Magie.

Die Kirche braucht Gesetze

Im Osten des Reiches scharte ein persischer Fürstensohn, der einem christlich-jüdischen Umfeld entstammte, Anhänger um sich, die wie er, Buddha, Zarathustra und Jesus in einer Lehre vereinten. Dieser von vedischem, asiatischem und mediterranem Gedankengut beeinflusste Anführer hieß Mani, seine Anhänger Manichäer. Den Märtyrertod Jesu, den sie nicht akzeptierten, mussten sie später selbst erleiden. Doch konnten ihre Grundgedanken damit nicht ausgerottet werden und so entstanden aus den Nachfolgern und Schülern die großen Häretikergemeinden der Bogumilen, der Katharer und der Albigenser, deren Verfolgung das europaweite Lodern der Scheiterhaufen eröffnen sollte. Sich der Glaubensunterwanderung bewusst, hatte die Kirche bereits 357 das so genannte Nizäische Konzil einberufen. Es beschloss: „1. Der Teufel ist keine Schöpfung Gottes; 2. Jesus ist von Gott gezeugt und nicht geschaffen und deshalb gleichberechtigt; 3. Der Teufel ist das eigentliche Böse, ihn gilt es zu bannen". Als sich die häretische Gefahr nicht eindämmen ließ und die Schar der Gläubigen nicht in dem Maße gehorsam war, wie gewünscht, wurden im Konzil zu Konstantinopel 543 erneut Gesetze zur Religionsfestigung erlassen: „1. Es gibt nur einen einzigen Dämon und der ist böse; 2. Jesus ist nicht der Erschaffer der Welt". Damit sollte noch einmal klargestellt werden, dass Gottes Sohn mit der Existenz oder gar Schlechtigkeit des Teufel nichts zu tun hatte und vor allem, dass es kein Dämonenwesen gab, sondern das Schlechte nur im Teufel zu suchen war. Das Laterankonzil von 1215 verschärfte diese These noch, indem es verlautbaren ließ, dass der Teufel zwar von Gott geschaffen war, aber durch sich selbst „schlimm" geworden ist und nun verführe er den Menschen. Schlüssige Beweisführungen, warum dies alles so war, wurden allerdings keine geführt, man interpretierte die Bibel, notfalls stellte man auch Behauptungen auf. Ein Teufelskreis begann. Auf der einen Seite versuchte die Kirche den Teufel zu bekämpfen, auf der anderen Seite wurde sie nicht müde, die Schändlichkeit und Widerwärtigkeit dieser Bedrohung mit logisch völlig haltlosen Thesen zu untermauern. Der Glaube erhielt ab dem 5. Jh. ein theoretisches Gerüst, das dazu dienen sollte, dem Volk die Furcht zu lehren, sie gefügig zu machen und somit die Macht der Institution Kirche zu zementieren. Je mehr Gesicht der Teufel bekam, um so stärker wuchs die Furcht – der Fantasie der Kirchenvertreter und des Volkes war keine Grenze mehr gesetzt.

Papst Alexander III. (1159–81) zusammen mit einem Dogen von Venedig – ein Symbol für das Zusammenspiel von Geldmacht und Kirche, gemalt von Franceso Bassano (1549–92).

Der Teufel im Islam

Musiker des arabische Heeres.

Mohammed war auf Grund seiner Herkunft mit einer Unzahl von Göttern vertraut, die alle in irgendeiner Verbindung miteinander standen. Die Minäer, die einen Teil der Bevölkerung Mekkas bildeten, kannten „Schams", die Sonne, die wiederum eine direkte Nachfahrin der babylonischen Göttinnen „Schamasch" und „Ashtarot" war. Letztere machte Wandlungen durch. So wurde sie in Griechenland zu Astarte, einer Nachfolgerin der prähistorischen Fruchtbarkeitsgöttin, die dem Melitta-Kult vorstand. Die christliche Tradition des Mittelalters wird aus dieser Astarte, wahrscheinlich wegen ihrer zelebrierten Tempelprostitution, den Teufel machen und lässt sie mit diesem Image in zahlreichen Texten vorkommen.

Die arabische Halbinsel war zu Zeiten Mohammeds ein Schmelztiegel der Kulturen und religiösen Strömungen. Die Johanneschristen, Nazaräer, Minäer, die Sabier, Nachfahren des königlichen und reichen Saba, lebten zusammen mit unzähligen Gruppen von Häretikern, Schismatikern und Splittergruppen mosaischen und christlich-mosaischen Ursprungs. Sicher ist, dass die Völker dort auch die Lehren Zarathustras kannten, denn er hatte zu seinen Lebzeiten die Bürgerrechte von Mekka.

Der Prophet

Als 579 n. Chr. Mohammed in Mekka geboren wurde, herrschte ein unvorstellbares Tohuwabohu an mythischen Strömungen. Die monotheistischen Religionen Mazdaismus, Judentum und Christentum kämpften um Durchsetzung ihrer reinen Lehre, genauso wie die Mischgruppen, die noch polytheistische Züge aufwiesen. So war auch Mohammed der Teufel ein Begriff. Die Eltern Mohammeds starben als er fünf Jahre alt war und auch der Großvater starb bald. Schließlich nahm sich ein reicher Onkel, der als Händler durch den Mittelmeerraum reiste, seiner an. Mohammed kam so nach Byzanz. Die Stadt am Bosporus war vor der Zeitenwende zerstört worden und rund 100 Jahre n. Chr. von den Römern wieder zu strahlendem Leben erweckt worden. Hier war der Hauptsitz der Ostkirche. Handwerker mit ausgezeichneten Fähigkeiten entwickelten dort den byzantinischen Stil – eine ornamentale Kunst, die großartige Bauwerke hervorbrachte. Berühmt ist bis heute die Hagia Sophia, die bereits 360 gebaut, dann zerstört, wieder restauriert in neuem Glanz erstrahlte, als Mohammed die Stadt besuchte. Dort hörte er gelehrte Redner und er begriff, dass die Kraft der Worte und ihre Verbreitung Macht bedeuteten. Schließlich begann er selbst Reden zu halten, wurde aber zunächst als „behexter" Junge bezeichnet – kein Wunder, wenn ein frühreifer Jüngling anfängt eine neue Glaubensidee vorzutragen. Aber er gewann immer mehr Anhänger.

Seine Lehre wurde später in den 114 Abschnitten des Koran, den Suren, festgehalten. Mohammed selbst soll sie um ca. 630 n. Chr. vom Erzengel Michael erhalten haben. Der Koran stellt die Grundlage des islamischen Rechts dar und ist für Muslime über jeden Widerspruch erhaben. Auffällig sind identische Abschnitte, die aus dem Alten Testament übernommen wurden. Auch Moses wird von Mohammed als Propheten anerkannt. Die Geschichten von Noah, Soddom und Gomorrha tauchen auch im Koran auf, ebenso der Garten Eden. Doch im Unterschied zur biblischen Fassung ist hier Adam durch den Teufel selbst verführt worden, nicht durch Eva. Das Prinzip der Erbsünde bleibt also außen vor und somit ein wichtiges Argument der Teufelsbesessenheit. Der Teufel taucht in den Suren häufig auf – von seinen Namen „sheitan" hat sich das Wort Satan abgeleitet. Er ist aber nicht der lüsterne Dämon des Christentums. Häufig erscheint er in der Schilderung als ein von den Erzengeln mit Sternschnuppen beworfener Unhold. Mohammeds emanzipatorischer Gedanke lag in der Betonung des Gemeinschaftlichen. Die Entwicklung eines Individualgedanken gilt als teuflisch, die Gleichheit als Gemeinschaft vor Gott, macht einen gläubigen Moslem aus. Allah (vom aramäischen Al Aha) ist das einzige Individuum. In einer Zeit, die von der Zerrissenheit der Glaubensrichtungen geprägt war, überzeugte Mohammeds Lehre die Menschen. Hinzu kam eine Verherrlichung des reichen byzantinischen Stils, der die Menschen faszinierte. Mohammed eroberte mit seiner Armee in allerkürzester Zeit weite Gebiete des Mittelmeerraums. Dieser, schnelle Erfolg bestätigte ihm, dass er allein die richtige Lehre verbreitete. Damit begann die Zeit der großen Glaubenskriege.

Ein sehr seltenes Motiv in der islamischen Kunst, da bildliche Darstellungen verboten sind: der Dämon Iblis auf einem fatimidischen Stoff.

Für einen gläubigen Moslem ist der Gang nach Mekka ein Höhepunkt seines religiösen Lebens.

Wesentlicher Teil der Anklage im sieben Jahre dauernden Prozess gegen den Templerorden war der von ihnen angeblich zelebrierte Satanskult. Die Verhöre, die bis zu 127 Fragen enthielten, wurden in starrem Schema durchgeführt. Die Historiker sind uneins, ob der Orden tatsächlich häretische Grundzüge trug, denn damit hätten sie sich ja bewusst gegen ihre Schutzherren, die Päpste, gestellt. Wahrscheinlicher ist, dass die Templer in der Tradition der Männerbünde standen, zu der auch Initiationsriten gehörten. Darüber hinaus kamen sie durch ihre Reisen mit orientalisch-islamischen Ansichten in Berührung, die die Kirche als teuflisch anprangerte. Es hat bei den Aufnahmezeremonien Kussrituale gegeben, bei denen sich die Männer auf Gesicht, Nabel und Gesäß geküsst haben. Das Kreuzritual sah vor, dass der Initiant auf das Kreuz spuckt. Das sollte sagen, dass es sich nur um ein Stück Holz handle – die islamische Vorgabe, dass man sich von Gott kein Bild machen solle, war wohl hier Vorlage.

Teuflische Aufstände und der Zorn der Päpste

Als die geistigen Erben der Manichäer folgten in der zweiten Hälfte des 10. Jh. die Bogumilen, benannt nach ihrem Anführer, dem bulgarischen Popen Bogumil. Da sich die Ostkirche nicht sehr volksnah zeigte – seit 923 wurden die Messen nur mehr auf lateinisch und griechisch gehalten und kein Slawe durfte mehr ein Kirchenamt innehaben – verbreitete sich diese Splitterbewegung rasch über ganz Europa. Schließlich waren die häretischen Gruppen so stark geworden, dass sie 1165 ein Konzil in Albi in Südfrankreich abhielten, einem Zentrum der Häretiker. Für Rom wurde die Lage bedrohlich, zumal die Häretiker den Schutz des Adels genossen und aufgrund zahlreicher Schenkungen seitens des Adels und begüterter Frauen und Witwen, über ein beträchtliches Vermögen verfügten.

Sexsekten

Für die Katharer war der Satan der wahre Fürst der Welt und das Dasein auf Erden war lediglich ein Abbüßen der Sünden bis das himmlische Königreich anbricht. Jesus war der Inbegriff des Lebens, sie selbst betrachteten sich als seine Abgesandten. Sie lehnten die Taufe, mit der man sich von der Erbsünde reinwaschen konnte und die offizielle Kirche ab. Hinzu kam eine extrem dualistische Weltanschauung. Das Ziel, die Entsagung alles Materiellem, war nur durch Reinigung des Leibes von allem Satanischen – durch sexuelle Vereinigung – möglich. Lange konnte die Kirche keine Verbündeten gegen diese teuflischen „Sexisten“ gewinnen, bis schließlich 1209 die Zisterzienser den Feldzug gegen die Katharer aufnahmen. 20 Jahre sollte der Krieg dauern. 1235 erlaubte Papst Innozenz IV. Folter als offizielles Mittel im Kampf gegen die Ketzer – der Beginn einer wahrhaft satanischen Explosion von Gewalt! 1248 wird die systematische Verfolgung der Ketzer in die Hände des Dominikanerordens gelegt. Neben

den Katharern und Albigensern waren es die Waldenser, die sich trotz des Beistands des Adels den tödlichen Verfolgungen der Kirche nicht widersetzen konnten. Schließlich mussten die Ketzer ihre ganze Habe und ihre Bürgerrechte abgeben und mit zunehmender Brutalität der Verfolgung wurden sie alle getötet. Es kam zu wahren Abschlachtungen, bei denen auch Kinder getötet wurden. Eine weitere Gruppe, die sogar unter dem Schutz des Papstes stand, geriet ebenfalls in das Kreuzfeuer der Inquisistion – die Templer, eine Glaubensgemeinschaft, die 1119 aus den Ritterbünden der Kreuzüge hervorgegangen war. Ihre Privilegien, ihr ständig wachsendes Vermögen und ihre geheim zelebrierten Aufnahmeriten machten sie mehr als verdächtig. Unter der Anschuldigung der Hexerei und des Satanismus wurde der Orden schließlich 1312 verboten, ihr Großmeister Jaques de Molay hingerichtet. Um ihren Machtanspruch durchzusetzen, musste die Kirche dem Teufelsglauben immer mehr Nahrung geben, jede Verhaftung, jedes Urteil schürte die Furcht und die Fantasien. Der Teufel bekam Gesicht und Gestalt, bald war er überall!

Die 20 Jahre dauernden Albigenserkriege, die unter Papst Innozenz III. gegen die südfranzösische Sekte der Katharer geführt wurden, waren der Auftakt zu der europaweiten Verfolgung von Hexen, Teufelsbündlern oder Andersgläubigen. Die Szene zeigt die Verbrennung der Katharer von Montségur im Jahre 1226.

Die Inquisition

Die Inquisition verlief in mehreren Schritten und nahm mit jedem an Härte zu. Man kann dies an den aufeinander folgenden päpstlichen Bullen aufzeigen: 1198–1216 Papst Innozenz III. hebt hervor, dass jeder Bischof in seinem Bistum auf die Entfernung ketzerischer Elemente achten sollte, sonst würde er seines Amtes enthoben. 1227–1300: die Päpste Gregor IX. und Bonifazius VIII. setzen die von den für Bischöfen getragene Inquisition ein. 1248 erfolgt die Übertragung der Inquisition an die Dominikaner durch Papst Innozenz IV. 1305–1314 geht das Geschehen in die Hände der Bettelorden über. Diese volksnahen Orden hatten den besten Zugang zum Volk. 1484 erlässt Innozenz VIII. die Hexenbulle. Danach kann aufgrund einfacher Denunziation ein Folterverfahren eingeleitet werden.

Im Jahr 1484 erließ Papst Innozenz VIII. seine berühmt berüchtigte „Hexenbulle". Längst standen als Begründung für die Inquisition nicht mehr moralische oder religiöse Motive, sondern Machtinteressen im Vordergrund. Innozenz VIII. war es auch, der die beiden Dominikanermönche Heinrich Insistoris und Jakob Sprenger beauftragte, ein Compendium zu verfassen, dessen Inhalt die Erkennung, die Überführung von Hexen und eine Hexenprozessordnung sein sollte. Das 1486 unter dem Namen „Malleus maleficorum" erschienene Werk war der „Hexenhammer", der es in den folgenden zwei Jahrhunderten zu 28 Auflagen bringen sollte!

Tod und Teufel

Im Zuge der Teufelsverfolgung gerieten auch die Frauen, besonders die, die das Hebammen-, Heil-, und Wahrsagewesen betrieben, in Verdacht. Ihnen unterstellte man das Bündnis mit dem Teufel und diese Vorwürfe machten auch vor den Familienmitgliedern dieser Erbarmungswürdigen keinen Halt. Bereits seit 1474 gab es den Großinquisitor, einen von Kirche und Staat gestützten Inquisitionsleiter mit fast uneingeschränkter Macht. Der verfolgte nun längst nicht mehr nur Häretiker, das Böse wurde in allen vermutet. Frauen waren Hexen, Männer Teufelsansbeter, Kinder vom Teufel beseelt oder gezeugt, Tiere verhext. Eine einfache, unbegründete Denunziation reichte aus, um die Unschuldigen ohne Anklage des Staates oder Kirche in ein entsetzliches Gerichtsverfahren zu ziehen. Ein Auszug aus der Bulle des Papstes soll zeigen mit welcher Inbrunst die Verfolgung aufgenommen wurde:

„Jüngst ist uns freilich nicht ohne außerordentliche Betrübnis zu Gehör gelangt, dass in etlichen Gemeinden Deutschlands, viele Personen beiderlei Geschlechts, ihr eigenes Seelenheil missachtend und vom christlichen Glauben abweichend, mit incubus und succubus Dämonen Unzucht treiben und durch ihre Zaubersprüche, Zaubergesänge und Beschwörungen und durch andere gottlose, abergläubische und wahrsagerische Frevel, Vergehen und Verbrechen die Geburt der Frauen, Tiere, der Männer, (...), Weiden, Getreide, (...), verderben, ersticken, und zugrunde richten, (...) zu quälen, ferner Männer an der Zeugung, Frauen an der Empfängnis, (...), an der Ausübung ehelicher Pflichten zu hindern. Überdies scheuen sie sich nicht, den Glauben, den sie durch den Empfang der heiligen Taufe angenommen haben, mit gotteslästerlichen Reden zu verleugnen und zahlreiche andere Ruchlosigkeiten (...) auf Anstiftung des Feindes des Menschengeschlechts (des Teufels) zu begehen und zum Verderben ihrer Seele, zur Beleidigung der göttlichen Majestät wie auch zum schädlichen Beispiel (...) vieler Menschen zu vollbringen." Europa wird in den folgenden 200 Jahren immer höhere Scheiterhaufen bauen, der Höhepunkt der Inquisition wird Ende des 16. Jahrhunderts erreicht sein und dann erst mit der Aufklärung und nach der Französichen Revolution 1789 abebben. Bis dahin wurde der Teufel mit allen Mitteln, für was oder wen auch immer man ihn hielt, zu einem Mordwerkzeug hochstilisiert. Mit der „Hexenbulle" und dem „Hexenhammer" war allen kirchlichen wie staatlichen Richtern das Recht zur sofortigen „Befragung" gegeben. Dieser Euphemismus umschreibt eine Prozedur, die von peinlichen Fragen, über einen unvorstellbaren Folterkanon bis hin zur Verurteilung zum Tode reichte. Die Polemik der beiden Schriften entbehrte jeder Logik bei der Beweisführung und ließ nur einen Ausgang des Verfahrens offen, den Tod des Beschuldigten.

Templer, Katharer, Andersgläubige und Unbequeme – Gründe für eine Verbrennung waren schnell gefunden.

Als 1809 die Truppen Bonapartes das Gefängnis von Madrid aushoben, fanden sie unter einer Bodenplatte dunkle Kerkerlöcher an deren Wänden skelettierte Menschen angekettet waren. Man kann nur ahnen, was sich in den vorangegangen vier Jahrhunderten in spanischen Gefängnissen zugetragen hat. Dort wurden einige der grausigsten Foltermethoden erfunden, darunter die „Spanischen Stiefel“ und die „Madre Dolorosa“. Erstere waren Eisenschuhe, in die die Gefangenen gesteckt wurden. Sie konnten ähnlich wie Schraubstöcke zugezogen werden, während immer wieder heißes Pech hineingegossen wurde. Die „Madre Dolrosa“ war eine hölzerne Marienbildsäule. Ein vergoldeter Strahlenkranz umgab sie. In Wirklichkeit bestand die gesamte Vorderseite aus Messern und Nägeln. Durch eine verborgene Mechanik wurden die beweglichen Glieder der Madonna angetrieben. Der Deliquent wurde nun ganz nah an die Figur herangeführt. Die rotierenden Spitzen drangen immer tiefer in den Gefangenen ein, bis er gestand oder von Messern zerfetzt in den Armen der Madonna hängenblieb.

Die Inquisition in Spanien

Infernalisch, im wahrsten Sinne des Wortes, wütete die Inquisition in Spanien. Das Land war dünn besiedelt, Rom war weit weg und der Macht der Bischöfe und Inquisitoren keine Grenzen gesetzt. War die Inquisition schon in anderen Ländern kaum an Unmenschlichkeit zu übertreffen, so erfanden die spanischen Folterknechte und Ketzerverfolger Superlative des Grauens.

Diener Gottes und Todesengel

Bereits 1197 zwang Peter II. von Aragon alle Ketzer das Land zu verlassen oder ihre Güter abzugeben. Kurz nachdem in Spanien die Funktion des Großinquisitors eingeführt wurde, 1274, also noch bevor der „Hexenhammer“ erschien, tadelte Papst Sixtus IV. das grausame Vorgehen der spanischen Inquisitoren. Er zeigte sich betroffen, dass seine spanischen Diener ohne jedes Gerichtsverfahren Menschen einkerkern, foltern und qualvoll töten ließen. Jedoch unternahm er nichts, um das Morden zu stoppen. Derweil suchte Spanien selbst, mit der vom Papst ernannten Plage fertig zu werden und man ließ den Domherr von Almeria wegen seiner Bestialität einkerkern, einen anderen Inquisitor erschlug man am Altar. Auf die sich häufenden Vergewaltigungen weiblicher Gefangener erließ man die Todesstrafe. Doch das konnte die Mörder nicht aufhalten, zu weit war das Grauen schon fortgeschritten, zu lange hatte die spanische Ketzerverfolgung Tradition. Bereits ab dem 13. Jh. übten die spanischen Dominikaner mit Zustimmung der Päpste das Amt der Inquisition aus. Einer von ihnen, Nicolaus Eymericus, der von 1338 ab 44 Jahre seines grausamen Amtes walten sollte, hinterließ einen wahrhaften Leitfaden der „Blutarbeit mit Ketzern“. Die spanische Inquisition war eine kirchliche Angelegenheit und ist immer mit Zustimmung Roms erfolgt. Zahlreiche Dokumente belegen dies: „... die Generalinquisitoren sind vom Papst bestellte Richter.“ Ab 1481 stand sie auch noch unter der weltlichen Herrschaft des Königpaars Ferdinand und Isabella von Spanien und sollte bis zu ihrem späten Ende,

1809 durch die Machtübernahme Joseph Bonapartes, 31 000 Menschen das Leben kosten. Einer der mörderischsten Inquisitoren war Thomas de Torquemada. Ihm unterstellte der Papst 1483 ganz Aragonien. Torquemada war ein bestialischer Fanatiker, weshalb ihn die Spanier auch „König der Henker" nennen. Er bereitete sich auf seine Verhöre mit Geißelung und Kasteiung vor und führte die Besonderheit der spanischen Hinrichtungen, das Autodafé ein, die öffentlichen Verbrennungen von Ketzern nach dem Gottesdienst. Ihm sind auch die Vertreibung und Hinrichtung von Tausenden von Juden zuzuschreiben. Denn im Zuge der Ketzerverfolgung in Frankreich, erfanden die Verfolger eine besondere Perfidie: Sie setzen Geschichten in Umlauf, demzufolge Ketzer in Synagogen lebten, weshalb auch alle Juden Ketzer waren. Als schließlich im 14. Jh. dazu kam, dass europaweit die Pest ausbrach, jene vom Teufel gebrachte Krankheit, machte man nicht nur die Hexen, die Ketzer, sondern vor allem die jüdische Bevölkerung dafür verantwortlich. In Spanien, wo ein Großteil der europäischen Juden lebte, ging die Saat der Verleumdungen bald auf. Man beschuldigte die Juden, die Christen mit Zaubermitteln vergiftet zu haben. Bereits zu dieser Zeit durften die Juden nur bestimmten Handel treiben. Einer der wenigen Berufe, den sie ausüben durften, war das Geldverleihen, weshalb ihnen die kirchlichen Verfolger Wucherei und Betrügerei unterstellten. Es erfolgte im 14. Jh. die fast vollständige Vertreibung aller Juden aus Spanien. Die spanische Inquisition wurde somit zum Holocaust des 14. bis 19. Jh. und Torquemada kann als Vorfahre von Hitlers Morden genannt werden.

Der spanische Maler Velazquez (1599–1660) porträtierte diese Edelfrau. Der spanische Adel stützte bis in das 19. Jahrhundert hinein das Vorgehen der Kirche gegen Ketzer und Juden.

Was der Teufel alles tut

Um dem Teufel Gestalt zu verleihen und um die kirchlichen Maßnahmen „logisch“ zu untermauern, wurden die Theologen des Mittelalters nicht müde, Beweisführungen anzustellen. Mitunter bezogen sie sich auf die Schriften ihrer Kollegen, was den Wahrheitsgehalt nicht verbesserte.

Trieb, Teufel, Tod

Viele Mediziner, Dämonologen und Geistliche des Mittelalters waren überzeugt davon, dass Dämonen und Menschen fleischlichen Verkehr haben könnten. Ein Dämon oder Teufel in Menschengestalt, der sich einer Frau näherte, hieß Incubus, eine Frau, die des Teufels war und einen Mann verführte, hieß Succubus. Der teuflische Geschlechtsakt hatte in jedem Fall Folgen: verliebt machen, sexuelle Beziehung zwischen den Eheleuten verhindern, Krankheiten bringen, Abgang provozieren, schließlich sterben. Die Kinder von Hexen, die solch einer teuflischen Liaison entsprangen, wurden in Deutschland „Wechselbalg“ genannt. Auch sagte man den verhexten Frauen nach, Monstren, Mischwesen aus Schlange und Wolf geboren zu haben. Einer angesehenen Adligen wurde dieser Vorwurf während der südfranzösischen Ketzerverfolgung zum Verhängnis, man verbrannte sie. Der Geschlechtsverkehr mit dem Teufel soll allerdings unangenehm gewesen sein: Der Samen sei kalt, der Rücken des Teufels hölzern und hohl, der Coitus höchst schmerzhaft, da der Teufel mit einem Penis lang wie ein Arm ausgestattet und der Körper mit Fischschuppen bedeckt sei. Auch konnte der Penis aus Eisen sein oder mit Blut bedeckt. Seine Gestalt verändere sich während des Akts und er bekomme Geißfuß, Schwanz und Hörner, sein Atem sei glühend heiß. Alle Beschreibungen sollen aus dem Mund gefolterter und befragter Frauen kommen. Man kann nur ahnen, was der Grund für die Fantasmen war. Wenn so viel über den Teufel geredet und er zum Schrecken schlechthin wird, dauert es nicht lange bis Fantasiebilder entstehen. Unter dem Druck der Schmerzen durch die Fol-

Im 15. Jahrhundert stellte man sich die Höllenstrafen häufig als von Teufeln geführte Orgien vor, bei denen die Sünder in heißen Kesseln eingepfercht verdursten. Die sexuelle Komponente bei diesen Bildern ist unübersehbar.

Eine weit verbreitete Ansicht war, dass sich manche Menschen unter dem Einfluss des Vollmondes in einen Werwolf („wer“ kommt von lat. vir/Mann) verwandeln können. Dieser Aberglaube existierte bereits in der Antike. Später nahm man an, dass Hexen sich ebenfalls als Werwölfe tarnen, auch Thomas von Aquin sah in den Werwölfen dämonenartige Scheinwesen.

ter gerieten die Befragten in solch psychische Not, dass sie unter Hysterie zu Aussagen kamen, deren Urspünge erzählte Geschichten, die Predigten des Pfarrers oder Mund zu Mund Propaganda waren, – vergessen wir nicht den niedrigen Bildungsstand der meisten Menschen, die weder schreiben noch lesen konnten und auf das gesprochene Wort angewiesen waren. Dazu kam die moralische Unterdrückung aller fleischlichen Lust, die sich so ein Ventil suchte. Eine Großzahl der Kichenvertreter trieb Frauenhass zu den Greueln an. Das mit der Erbsünde biblisch belegte Unreinsein der Frauen war ihnen Beweis genug, dass Frauen „leicht verführbar, schwatzhaft, willenlos“, somit williges Opfer des Teufels waren. Sodomie, Sex mit Kindern und gleichgeschlechtlicher Sex waren beliebte Anklagen der Hexenprozesse. Aber auch anderer Schadenszauber, wie Milch verderben, die Ernte vernichten, Tiere vergiften, Wetterzauber, waren Werke des Teufels, der in Gestalt von Tieren auf Besen reiten kann. Für jedwedes Unheil wurde ein Schuldiger, der es mit dem Teufel getrieben hatte, verantwortlich gemacht. Naturwissenschaftliche Begründungen wurden nicht gesucht, denn die Wissenschaft galt ebenfalls als gotteslästerlich und teuflisch. Es war ein Konglomerat aus kirchlichem Machtbestreben, Unwissenheit, Triebunterdrückung, falscher Bibelauslegung, restheidnischem Aberglauben, Ignoranz, Gewinnsucht und einem übersteigertem, weil verdrängten Sextrieb sowie der jahrhundertelange Kampf gegen das Weibliche, der zu dem verhängnisvollen Teufelsglauben führte.

Das schon seit Urzeiten bekannte Wünschelrutengehen geriet zu einem Teufelssakrament, denn man konnte sich die Funktionsweise nicht erklären, so zu lesen in einer Schrift aus dem 16. Jahrhundert. „Die Bergbauern schneiden von einer Haselstaude ein zweizinkiges Zweiglein (am Karfreitag), sprechen einen zauberischen Segen darüber. Dann gehen sie damit auf die Berge und an Orte, da sie meinen, Erz zu finden. Wo sich ihnen dann die Rute in den Händen dreht, da befindet sich Erz (...) solches geht nicht recht nach natürlicher Weise zu, der Teufel ist dabei, wirkt es, um seinem Diener zu gefallen“.

Den Hexen wurde in der Hauptsache eine Buhlschaft mit dem Teufel zur Last gelegt. Als Beispiel führte man die durch Folter gepressten Berichte vom Hexensabbath an. Die sprachliche Assoziation zum jüdischen Sabbath weist auf den tiefen Antisemitismus des Mittelalters hin. Auf diesen orgiastischen Ausschweifungen soll es zu sexuellen Gewaltszenen zwischen dem Teufel und seinen Dienerinnen gekommen sein: Schmerzhaftes Kopulieren mit dem Teufel, Entweihen kirchlicher Hostien durch Ejakulat, Kochen gestohlener Säuglinge, Trinken von Weihwasser, Schreien blasphemischer Gebete, begleitet durch ekstatische Trommelwirbel. Man begreift leicht, dass die in den Prozessen gequälten Frauen in Fieberschüben, Hysterie und aus Entkräftung alles gesagt haben, was man ihnen in den Mund gelegt hat. Darüber hinaus hat unter der Extrembelastung das Unterbewusstsein wohl so manches widergegeben, was die Obrigkeiten an Ängsten geschürt hatten.

Der Hexenwahn in Deutschland

Die Inquisition konnte nur deshalb so stark werden, weil die von der Kirche gesteuerten Anschuldigungen bei der einfachen Bevölkerung auf fruchtbaren Boden fielen. Denn über die Jahrhunderte hinweg hatte sich der heidnische Aberglaube an die weiße und schwarze Magie erhalten. Das Zauber- und Hexenwesen, das ja schon seit jeher bestand, wurde nun in Form der Teufelsbuhlschaft allen Frauen unterstellt.

Höhepunkt der Dämonologie

Wütete die Inquisition in Spanien gerade im 13. bis 15. Jh. besonders heftig – hier hatte man sich die Juden und Ketzer als Feindbild erkoren – so loderten die größten Scheiterhaufen in Deutschland in der Zeit um 1590 bis 1640. Das hatte drei Ursachen. In den rund 100 Jahren seit Erscheinen des „Hexenhammers" hatte es die Hetzschrift schwer, sich durchzusetzen, zu überzogen schien den Kirchen und Landesfürsten das beschriebene Inferno und die dazugehörige Prozessordnung. Doch als die Ketzer-, und Hexenprozesse in ganz Europa zunahmen, das Bild des Teufels immer mehr Kontur gewann, versagte auch bald die letzte Vernunft und man beugte sich den Anordnungen. Manche der Inquisitoren schienen geradezu süchtig nach Greueln zu sein und heizten mit ihren unmenschlichen Methoden die Hexenverfolgung an. Hinzu kam eine einschneidende Klimaveränderung. Zum Ausgang des 16. Jahrhunderts brach in Deutschland die so genannte Kleine Eiszeit an, eine Periode von aufeinander folgenden extrem kalten Jahreszeiten, die die Ernten vernichteten. Die Getreidepreise stiegen um über 100 Prozent, Hungersnot, Armut und Verelendung ganzer Landstriche waren die Folge. Der dritte Grund schließlich war, dass die Pest in zwei Seuchenwellen (1585 und 1593) die schon geschwächte Bevölkerung dahinraffte. Man machte die Hexen dafür verantwortlich und die

Verbrennungen stiegen um ein Vielfaches an. In weiten Teilen des Landes wüteten die Glaubenskriege zwischen Lutheranern und Katholiken, denn auch die Protestanten hatten sich der Verfolgung des Teufels verschrieben. Zahlreiche Gelehrte sahen sich berufen, die Verfolgungen sachlich zu untermauern. Aber bald rührten sich auch die Gegenstimmen. Der Arzt Johann Weyer hatte sich sehr mit dem Teufelsglauben auseinander gesetzt und widersprach in zahlreichen Schriften. In den Bildern und Flugblättern wurden Debatten geführt und es entstanden Totentanzbilder und Hexengedichte. In der legendären Figur des Dr. Faustus fand sich 1587 der Prototyp eines Teufelsbündlers, auf den sich so mancher Teufelssympathisant bezog, darunter zahlreiche Adlige. Ein berühmtes Beispiel ist Kaiser Rudolf II., der 1576 bis 1612 regierte, und sich vom Okkultismus angezogen fühlte. Er holte Astronomen, Astrologen und Magier an den Hof, wie den Wissenschaftler Johannes Kepler und den Magier John Dee. Gleichzeitig hatte man sehr ambivalente Ansichten über den Teufel: Auf der einen Seite suchte man ihn zu vernichten, auf der anderen Seite erfreute sich der Okkultismus und die Teufelsforschung besonders bei den Gelehrten und Adligen größter Beliebtheit. Ende des 30-jährigen Krieges züngelten die Scheiterhaufen erneut so hoch, dass selbst die Greuel des Krieges davor verblassten. Tausende starben, wenn sie nicht bereits der Pest, dem Krieg, dem Hunger, dem Schleifen zum Opfer gefallen waren. Noch gute 100 Jahre sollte es dauern bis die Vernunft den Hexenwahn besiegt hatte.

Die Angst vor dem Jüngsten Gericht, jenem göttlichen Prozess am Ende der Tage, der das Sündige vom Tugendhaften trennt, war eines der beliebtesten Motive der Malerei des Mittelalters und der Renaissance. In dem Gemälde von Frans Floris (1518–1570) sieht man deutlich, wie die Guten von den Engeln in den Himmel, die Bösen von Teufeln in die Hölle geschleppt werden.

Mischwesen, Monster, Fabelwesen – viele Tiere schienen den Menschen des Mittelalters teufelsbeseelt.

Die Apokalypse und die Tiergestalt des Teufels

Zu den bemerkenswertesten Eigenschaften, die dem Teufel zugeschrieben werden, zählen die diversen Tiergestalten, die er annehmen konnte. Besonders hervorzuheben sind hierbei: Bär, Wolf, Stier, Bock, Ziege, Fuchs, Kater, Hund, Maus, Fledermaus, Vogel, Hahn, Eule, Drache, Kröte, Eidechse, Skorpion, Spinne, Fliege und Mücke. Im Mittelalter wird er am häufigsten in Bocksgestalt mit Bocksfüßen, Ziegenbart und Hörnern beschrieben.

Der Antichrist tritt knapp vor der zweiten Erscheinung Christi (zum Jüngsten Tag) auf, um alle bösen Kräfte im Kampf gegen das Gute zu sammeln. In der Apokalypse des Johannesevangeliums wird aufgezeigt, wie Christus Anweisungen gibt, die nahenden Schreckenszeiten und die Ankunft des Antichrists durch die Allmacht Gottes zu bekämpfen. Die Sprache der Apokalypse ist bilderreich und enthält teilweise auch Bilder der alttestamentarischen Apokalypsen sowie Bilder der Hure Babel, der Teufelsbraut und der Messiasschlacht gegen den Drachen.

Apokalyptische Wesen

Der Bock war ursprünglich dem germanischen Gott Dona an die Seite gestellt und war in dieser Funktion durchaus positiv besetzt. Das Christentum hat solche heidnischen Attribute ins Negative verkehrt und so den Bock zum Satan gemacht. Ähnlich erging es dem Fuchs und der Kröte, die in der Antike heilige Tiere waren. Weitere Teufelstiere fand man im Raben, im Hahn und in den Fliegen. Häufig werden sie im Zusammenhang mit dem Teufelspakt in einem Atemzug genannt. Die Kröte galt als klassische Begleiterin der Hexen. Hexensalben sollen z. T. aus Krötenfett bestanden haben und Kröten sollen zu mancherlei Zauber verwendet worden sein. Den Dämonen verschiedene Tierwesen zuzuordnen, hat eine lange Tradition. Schon in vorchristlicher Zeit waren Dämonen in Tiergestalt aufgetreten. Schlangen, Vögel, Stiere und Pferde, später auch Mischwesen, halb Mensch, halb Tier, wie der Minotaurus oder der Pegasus sowie unzählige Satyre, Faune und Pans, die die griechische Sage bevölkern. Genährt wurde das tierische Satansbild allerdings nicht nur durch die heidnischen Vorbilder, sondern durch einen Teil des Neuen Testaments, der Apokalypse: Dort wird im Johannesevangelium das Tier als Satan beschrieben, „… steigt hier der Antichrist als Tier aus den Tiefen des Meeres“. Der Antichrist ist der Gegner Messias – er wird das Böse sammeln,

Eine Vorstellung der Apokalypse war, dass die Mächtigen die Hure Babylon anbeten, jenes Sinnbild der Hurerei und des Pfründenhandels, reitend auf dem Drachen mit den sieben Häuptern, die Luther polemisierend mit der katholischen Kirche gleichsetzte.

Der Antichrist wurde durch die vielköpfige Schlangenpyramide symbolisiert.

um am Jüngsten Tag gegen das Gute zu kämpfen. In einem weiteren Abschnitt des Johannesevangeliums, im Kapitel der „falschen Propheten“, ist ebenfalls ein Tier beschrieben. Das Tier hat viel Ähnlichkeit mit einem Drachen und entsprach so den Drachensagen, die es fast in allen Mythen zu finden gibt. Das Johannesevangelium wurde vermutlich von einem unbekannten Autor ca. um 92 n. Chr. niedergeschrieben und zeigt den Kampf des Guten gegen das Böse auf – das dualistische Prinzip des Hell gegen das Dunkel. Zahlreiche Teufelskenner, Satanisten und Geheimbündler haben sich des Bildes aus der Apokalypse bedient. In eben jener Apokalypse wird auch ein schrecklich böses Tier beschrieben, das durch eine Zahl präsentiert wird: 666. Diese Zahl sollte ein Grundstein der kabbalistischen Zahlenmagie werden, die Bezeichnung für den Antichrist.

Von Hexensalben und Hexenfesten

Wenn Hexen zum Fest beim Teufel eingeladen waren, sollen sie auf Besen dorthin geritten sein. Die Vorstellung vom Hexenflug zum Hexensabbat existiert in vielen alten Mythen. Auch die thessalischen Frauen, die Anhängerinnen des Hekate-Kults, sollen durch die Luft geflogen sein.

Kräuterwissen – Teufelswissen

Das Mittelalter hat der heidnischen Vorstellung der Weißen und Schwarzen Magie, dem Verzaubern von Menschen und Tieren, auch die Buhlschaft mit dem Teufel hinzugefügt. Die Richter der Inquisition haben daraus ihre Anklagepunkte formuliert: 1. Schadenszauber, 2. Pakt mit dem Teufel, 3. Hexenflug, 4. Tierverwandlung. In allen vier Fällen beschuldigte man die Hexen des Missbrauchs von Hexensalben, Tränken oder Tees. Mit Sicherheit haben viele der absurden Fantasien mit dem ursprünglichen Wissen der Heilerinnen und Kräuterweiber zu tun, die später als Hexen diffamiert wurden. Viele dieser Hexenkräuter können in der Tat irrationale Empfindungen und psychische Überreaktionen verursachen. Da es in früher Zeit ausschließlich eine Naturmedizin gab, die teilweise schriftlich, teilweise mündlich bereits seit der Antike überliefert wurde, und da die Menschen natürlich viel stärker im Einklang mit der Natur lebten, hatte sich ein beachtliches Wissen um die Heilkraft der Kräuter angesammelt. Der Umgang mit den Kräutern beruhte somit auf Erfahrung, denn chemische Untersuchungen beschränkten sich mehr auf die Erforschung von Metallen (Alchemie). Dennoch lassen sich viele Wirkweisen der meisten Kräuter heute mit der chemischen Zusammensetzung einer Pflanze begründen. Erstaunlich genau kannte man die präzise Anwendungsweise von Heilmitteln, aber natürlich konnte mit diesen Kräutern auch Missbrauch betrieben werden, denn viele Pflanzen sind hochgiftig. Hippokrates, der

Der Baseler Holzschnitt aus dem Jahr 1493 zeigt die Szene, wie der Teufel ein Kind raubt – eine häufige Symbolvorstellung, vor allem, um zu erklären, wenn Kinder geistig oder körperlich behindert oder von einer unheilbaren Krankheit befallen waren.

Den Hexensabbath stellten sich die Menschen als sexuell ausschweifendes, gewalttätiges Fest vor, bei dem mitttels Hexensprüchen, -salben und -riten Entweihungen und Verzauberungen vorgenommen wurden.

große, weise Arzt der Antike, hatte bereits um 400 v. Chr. ein umfangreiches Werk über Naturmedizin verfasst. Der römische Arzt Galen (129–199 n. Chr.) hat sich immer wieder mit seinen Untersuchungsmethoden und Lehren auf Hippokrates bezogen. Beide Ärzte haben bereits die individuelle Beschaffenheit eines Menschen zugrunde gelegt, wie und ob eine Medizin wirkt. Aber zur Zeit der Hexenverfolgung ist es nicht verwunderlich, dass Menschen, die es verstanden, mit Kräutern und Pflanzen umzugehen und sehr genau wussten, wie sie Arzneimittel zu dosieren hatten oder Drogen und Gifte herstellen konnten, im Verdacht standen, mit dem Teufel im Bunde zu sein. Die gruseligen Aspekte der Hexenmedizin, besonders die Ingredienzien der Hexensalben sind jedoch wohl zum größten Teil dem Reich der Fantasie zuzuschreiben. So nahm man an, dass gebratene Säuglinge, Krötenfett, zerstampfte Spinnen, Kot, Blut, Bestandteile eines Hexenmahls seien. Genau dieselben Zutaten sollen sich auch in den Hexensalben befunden haben. Die Grenzen zwischen Wirklichkeit und Fantasie verwischten völlig. Kräuterkundige standen bald ganz oben auf der Liste der Teufelsverdächtigen.

Die großen Hexenkräuter

Die Signaturenlehre besagte, dass jedwede Pflanze oder Tier eine Ähnlichkeit mit einem menschlichen Körperteil hätte und dieses dadurch heilen könne. Dieser Lehre hing auch schon Paracelsus an. Die Darstellung des Mandragora (Alraunen-)-Wesens auf der Seite gegenüber ist ein berühmtes Beispiel, da die Alraune als Fruchtbarkeitssymbol galt, entsprechend ihrer menschlichen Form. Aus der Signaturenlehre entwickelte sich eine Drogenkunde, die viele namhafte Alchemisten zu Versuchen anregte. Das Bilsenkraut (unten) und der Beifuß (rechts) gelten als klassische Hexenkräuter.

Einige Kräuter sind als Hexenkräuter ganz besonders „berühmt" geworden. In den meisten Fällen handelt es sich um hochwirksame Heilkräuter, die bis heute im Gebrauch sind. Bei vielen Pflanzen haben auch ihre Form, ihr Aussehen oder ihr Geruch zur Mythenbildung beigetragen.

Heilmittel und Zaubermittel

1. Das Bilsenkraut (Hyoscyamus niger), vulg. Teufelsauge, Tollkraut, Schlafkraut. Das Bilsenkraut gilt als Bestandteil der berüchtigten Flugsalbe, die sich Hexen auf Besen und Stäbe gestrichen haben sollen. Das in der Pflanze enthaltene Atropin wirkt gefäßerweiternd und begünstigt Halluzinationen. Die stark giftige Pflanze soll bereits beim Orakel in Delphi verwendet worden sein, wo sie getrocknet verbrannt wurde. Der Rauch wirkt drogenartig. Bilsenkraut wurde aber auch unter Türstöcken zur Abwehr von bösen Geistern aufgehängt.

2. Eisenkraut (Verbena officinalis), vulg. Teufelswurz, Träne der Isis, Wunschkraut. Das Kraut wirkt schmerzstillend und ist ein häufig verwendetes Mittel für Nervenleiden, Kopfschmerzen und Depressionen sowie Anämie und Schlaflosigkeit.

3. Die Alraune (Mandragora). Sie wurde wegen ihrer menschenähnlichen Form als Fetisch verwendet und soll als „Zaubermittel" Glück, Reichtum und Liebe bringen.

4. Beifuß (Artemisia vulgaris), vulg. Besenkraut. Die lateinische Bezeichnung geht zurück auf Artemisia, die gleichzusetzen ist mit der Göttin Hekate, die bei den Römern Diana genannt wurde und die Gottheit der Jungfrauen, aber auch der thessalischen Weiber war. Die Pflanze wurde zur Abtreibung und bei Frauenleiden verwendet, sowie bei Hysterie. Der Volksmund sagt, dass sich am Johannistag, unter dem Einfluss von Beifußwurzeln, Kohle zu Gold verwandeln lasse.

5. Der Stechapfel (Datura stramonium), vulg. Hexenkraut, Teufelsapfel,

Weitere Pflanzen, die immer wieder mit dem Teufel auch namentlich in Verbindung gebracht werden sind: Bärlauch (Alium ursinum), vulg. Hexenzwiebel. Bärlapp (Lycopodium davatum), vulg. Drudenfuß, Hexenkraut, Teufelsklaue. Bittersüß (Solanum dulcamara), vulg. Teufelskraut, giftig, vertreibt böse Geister. Knotiger Baumwurz (Skrofularia nodosa L.), vulg. Hexenkraut, sehr giftig, wirkt über die Haut. Einbeere (Paris quadrifolia), vulg. Teufelswurz, Ziegentod, bei Nervenleiden aller Art. Haselwurz (Asarum europäum L), vulg. Teufelsklaue. Johanniskraut (Hypericum perforatum L.), vulg. Teufelsbanner, wurde als Schutzpflanze gegen Geister, Blitze und Donner sowie Frauenkrankheiten eingesetzt. Wacholder (Juniperus communis L.): Sein Rauch soll böse Geister, aber auch die Pest und Ungezieſer vertreiben.

Tollkraut. Das bereits in vorantiker Zeit verwendete Gift ruft Sinnestäuschungen, sexuelle Erregungszustände, Psychosen hervor.

6. Engelswurz (Angelica), vulg. Teufelsapfel, Tollkraut, Tobkraut, wirkt schweiß- und harntreibend.

7. Schierling/Dollkraut (Conium), wirkt bei Impotenz ebenso wie bei übermäßigem Geschlechtstrieb.

8. Faulbaum (Rhamnus frangulat), vulg. Teufelsbeere, Stinkstrauch, Pulverholz. Die Kohle des Faulbaums soll zur Herstellung von Schießpulver verwendet worden sein. Als Droge ist Faulbaumrinde als Mittel gegen Verstopfung, Hämorriden und zur Blutreinigung bekannt.

9. Baldrian (Valeriana officinalis L), vulg. Dreifuß, Hexenkraut, Katzenkraut. Gegen Angst und Trübsal als Antidepressivum eingesetzt.

10. Immergrün (Vinca minor L.), vulg. Sinngrün, Totengrünkraut. Diente im Mittelalter als Liebesorakel und als Schutz gegen Hexen und Blitze.

11. Taumellolch (Lolium tennelentum), vulg. Tollgerste, Tollgras, Tollkerze, Rauschgras. Ruft als Getreideunkraut epidemische Vergiftungen hervor.

12. Teufelsabbiss (Suczisa Pratensis Moench), vulg. Teufelswurz. Soll eine vom Teufel abgebissene Wurzel gegen Hauterkrankungen sein.

Alle genannten Pflanzen enthalten nachweislich Bestandteile, die durchaus Heilungsprozesse für die verschiedensten Krankheiten in Gang setzen können. Auch heute noch werden in der Naturmedizin und auch in der Homöopathie, all diese Pflanzen angewendet.

Die Hölle oder wo der Teufel wohnt

Will man den Theologen glauben, dann ist die Hölle ein abgeschlossener Ort innerhalb der Erde. Hier werden unaussprechliche Qualen erlitten. Diese Auffassung geht auch auf vorchristliche Mythen zurück.

Nicht selten wurde die Höllenfolter mit gewaltsexuellen Qualen gleichgesetzt, wie das Durchbohren der Vagina. Die tatsächlichen Foltermethoden für angebliche Hexen auf Erden waren oft nicht minder grausam.

Den Begriff der Hölle gibt es bereits im alten Testament. Bei den Juden ist „Sheol" der Platz der Verdammnis, schaurig tief im Erdinnern, finster, wo niemand mehr an Gott denkt. Bei den Griechen war der Ort der Toten ebenfalls ein im tiefen Erdinnern liegender sinistrer Ort, der von lichtlosen Wesen bewohnt wurde. Sie glaubten an einen Hades im Mittelpunkt der Erde. Im Neuen Testament erhält Christus die Schlüssel zur Unterwelt, er ist „… gestorben, um Herr über die Lebenden und die Toten zu sein". Beim Endgericht (Jüngster Tag) werden die Toten vor Gottes Thron stehen und ihr Urteil erfahren. Nach der später ausgebildeten Lehre der katholischen Kirche ist die Hölle ein Gefängnis, in dem die gefallenen Engel und die verdammten Menschen eingeschlossen sind und leiden müssen. Im römischen Katechismus lautet es: „Die Seelen der Verdammten werden in einem furchtbar grauenhaften und überaus finsteren Kerker im ewigen und unauslöschlichen Feuer zugleich mit den unreinen Geistern gequält". Die Angst vor der Hölle schürte die Kirche zur Zeit der Hexenverfolgung vor allem durch schauerliche Berichte und Bilder dieses Ortes der Verdammnis. Teils versuchte man Belege in der Bibel zu finden, teils tauchten diese Bilder in den Geständnissen der gefolterten Menschen auf, und zum andern Teil dienten Bilder der verschiedensten Mythen dazu, das Bild von der Hölle zu komplettieren.

Der Gelehrte Hieronymus Vitalis erklärte 1669, dass die Feuer speienden Berge nichts anderes als Schornsteine der Hölle seien. Nach Papst Gregor dem Großen befindet sich die Hölle so weit im Erdinneren wie die Erde

vom Himmel entfernt ist. Der Theologe William Whiston (1667–1752) behauptete: „… die Hölle befindet sich in einem Kometen und dessen größere und geringere Entfernung von der Sonnen verursache die in manchen Höllenschilderungen erwähnte Abwechslung von schrecklicher Kälte und Hitze".

So genau wurden die Schilderungen der Hölle, dass man sogar Lagepläne und Grundrisse anfertigte. Betrachtet man die Gefängnissituation der unter der großen Hexenverfolgung eingekerkerten Opfer, wird man den Verdacht nicht los, dass sich genau dort die Hölle befand – in den luftlosen, stinkenden Inquisitionsgefängnissen, deren Insassen, auf das Grausamste gequält, dahinvegetierten.

Der Teufel, sozusagen als Vorsitzender der Hölle, wurde mit den detaillierten Höllenschilderungen immer mehr zum Schreckensbild. Die Hölle als Gegenbild zum Paradies wurde so stark überzeichnet, dass bis in unsere Zeit die Menschen nicht frei sind von Angst vor dieser imaginären Welt.

Hieronymus Bosch, der große fantastische Maler der Renaissance, schuf diese detaillfreudige Darstellung der Hölle.

Auch der Islam kennt den Jüngsten Tag. Nach dem Koran ist der Mensch nicht von Natur aus böse, im Christentum dagegen ist man von Geburt an mit der Erbsünde behaftet und wird erst durch die Taufe von dieser befreit. Im Islam brennen nur die Ungläubigen im höllischen Feuer. Die Gläubigen gehen ins Paradies ein.

Ob Maderin gleich bey der ersten Marter nichts bekennet, habe man doch ohne rechtliche Erkenntniß, die Tortur wiederholet, und der Scharpffrichter ihr die Hände gebunden, die Haare abgeschnitten, sie auf die Leiter gesetzet, Brandenwein auff den Kopff gossen, und die Kolbe vollends wollen abbrennen, ad art. 3. ihr Schwefelfeuer unter die Arm, und den Hals gebrennet, art. 4. hinden auffwärts mit den Händen biß an die Decke gezogen, art. 5. so bey 3. und 4. gewähret, und sie gehangen, der Meister aber zum Morgenbrodd gangen, art. 6. 7. und als er wiederkommen, ihr Brandenwein auff den Ruck gossen, und angezündet, art. 8. 9. 10. ihr viel Gewichter auff den Rücken gelegt, und sie in die Höh gezogen, nach diesem wieder auff die Leiter, und ihr ein ungehoffeltes Bret mit Stacheln under den Rücken gelegt, und mit den Händen bis an die Decke auffgezogen. art.11. Furter die beyde große Fußzehen und beyde Daumen zusammen geschraubet, eine Stange durch die Arme gestecket und sie also auffgehänget. ...“ Aus dem Protokoll der unrechtmäßigen Tortur der Elisabeth Maderin, Coburg 1626

Teuflische Folter, um den Teufel zu erkennen

Viele Richter hielten sich an die Vorgaben des „Hexenhammers“, wenn es um die Abfolge der Prozesse ging. Doch abhängig vom Grad der sadistischen Veranlagung des Richters oder eben auch seiner Milde, gab es regionale Unterschiede.

Aberglaube, Glaube, Dummheit

Viele Torturen ergaben sich aus den, den Hexen zugesprochenen Eigenschaften. Da man annahm, dass Hexen leichter wiegen als Menschen, wurden Verdächtigte der Hexenproben unterzogen. Da gab es zum einen die Wasserprobe – an Händen und Füßen gefesselt, wurden die Angeklagten im Fluss versenkt, und wer unterging, war keine Hexe. Auf der anderen Seite gab es Wiegeproben, die Waage durfte sich nicht neigen, wenn eine echte Hexe daraufstand. In den Niederlanden ergab sich daraus eine Besonderheit der Hexenverfolgung. In Oudewader installierte man eine Waage, die so manipuliert war, dass niemals jemand als zu leicht befunden werden konnte. Dadurch erhielten alle Menschen, die auf dieser Waage gewogen wurden, ein Zertifikat, dass sie keine Hexe waren. Seltsamerweise wurde das Zertifikat in ganz Europa anerkannt. Als weitere Besonderheit gab es den so genannten Hexengriff: Bei dem oder der Beschuldigten wurden Male auf der Haut gesucht, die als Indiz für Hexenhaftigkeit herhielten. Dann stach man mit Nadeln in die Muttermale, Warzen oder Hautunregelmäßigkeiten hinein. Empfanden die Beschuldigten Schmerz, dann waren sie keine Hexe. Oft waren aber die Frauen und Männer nach vielen Torturen bereits so abgestumpft gegen den Schmerz, da sie schon viel Folter erlitten hatten, dass sie nichts mehr spürten. Dem entnahmen die Richter, dass es sich um Hexen handle. Um sicherzugehen, wurden die Beschuldigten weitergefoltert. Daumen- und Schienbeinschrauben wurden angelegt und bis zum Brechen der Knochen angezogen. Dazu

goss man Öl auf Fußsohlen, Haare und Rücken, das angezündet wurde, wobei die armen Menschen oft in Ohnmacht gefallen sind. Daraus versuchte man sie mit allen Mitteln wieder aufzuwecken, um die Tortur fortzusetzen. Ein beliebtes Mittel war das Aufziehen an den auf den Rücken gebundenen Händen, was den Gefolterten die Gelenke ausrenkte und das Blut abschnürte. Dann wurden sie auf ein Nagelbrett gespannt oder auf den Bock gesetzt. Diese Grausamkeit brachte meist das gewünschte Geständnis, denn der Bock war ein scharf zugeschnittener Keil, auf dem die Gefangenen nackt mit Gewichten an den Füßen gesetzt wurden – schon nach kurzer Zeit schnitt das Gerät sich tief in die Genitalien. Wurde so schließlich ein Geständnis erpresst, folgte die Hinrichtung. Meist erfolgten zwischen den einzelnen Schritten der Folter zusätzlich Auspeitschungen, Schläge, Schnitte mit Messern, Glasscherben, Nägeln und Eisenbändern. Dazu muss man sich vorstellen, dass die Gefolterten unter extrem grausamen Bedingungen gefangen gehalten wurden. Die speziell zur Hexenverfolgung aufgestellten Gefängnisse glichen Käfigen, die Stockwerke tief in die Erde eingelassen waren. Sie waren eiskalt und feucht. Darin vegetierten die sowieso schon geschundenen Menschen von Ungeziefer geplagt, schlecht ernährt, im Geruch ihrer eigenen Exkremente dahin. Nicht selten lagen Leichen zwischen den lebenden Gefangenen. Die Gefangenen steckte man in Jutesäcke, die so rauh waren, dass sie die schwer gefesselten Gefangenen bis zur Besinnungslosigkeit peinigten. Vielen der Gefangenen schien der Tod die einzige Erlösung.

Den Leidensweg eines vom Teufel Besessenen wird in diesem Holzschnitt aus dem Jahre 1589 aufgezeigt. Offensichtlich wurde der bedauernswerte Mann beschuldigt, vom Werwolf gebissen worden zu sein (links oben), worauf man ihn auf das Rad spannte und ihm die Brustwarzen ausriss (links). Schließlich wurde er, noch immer auf das Rad gespannt, mit dem Stock vermutlich auf die Genitalien geschlagen (Mitte). Am Ende wurde ihm der Kopf abgeschlagen (rechts) und dann dem Scheiterhaufen übergeben.
Schließlich steckte man zur Abschreckung den Kopf auf eine Stange mit einem ausgestopften Wolf darunter.

Männer für und wider den Teufel

Das Frühmittelalter war durch die Theologie (Augustinus) geprägt, aber auch durch den Mystizismus (Hildegard von Bingen). Im Hochmittelalter gesellte sich zu der Theologie (Albertus Magnus) noch die Scholastik (Thomas von Aquin). In der Renaissance erwachte der Geist des Forschens. Dies brachte Persönlichkeiten hervor, die einer Vermischung von Glauben und Wissenschaft sehr kritisch gegenüberstanden. Auf der anderen Seite vermehrte es die Geheimwissenschaften und spornte deren Anhänger an. Die einen waren mit dem Teufel im Bunde und die anderen versuchten den Aberglauben auszurotten.

Philippus Theophrastus von Hohenheim, kurz Paracelsus, wurde häufig mit einem Schwertknauf dargestellt, in den das Wort Zoth (Azoth) graviert war. Es bezeichnet den Urstoff der Metalle, ein Harz aus Erz, mit dem der „Stein der Weisen" zu fertigen ist.

Geheimwissenschaft und Dämonenwesen

Der Neuplatonismus gilt als letztes System der griechischen Philosophie und entstand ca. 200 n. Chr. Als Weiterentwicklung der Lehren Platons flossen auch bestimmte Teile der Lehren Aristoteles, der Stoiker, und spätantike Mystik ein. Die Grundidee ist der über allen Seinsformen stehende Gott. Die oberste Seinsform ist der Geist, die niedrigste die Materie. Bei den Gelehrten des Frühchristentums und der Renaissance hat sich dieses philosophische System, ebenso wie die Kabbala und andere Geheimwissenschaften, besonders anregend auf die magischen Vorstellungen ausgewirkt.

Agrippa von Nettesheim

Eine der großen philosophischen Schulen der Renaissance war die Platonische Akademie in Florenz unter Pico della Mirandola (1463–94) und Ficinus (1433–99). Dort kam der Neuplatonismus zu neuem Ansehen und wurde um die Astralmystik und die Kabbala bereichert. Das rituelle Zauberwesen (Dr. Faust) und der Okkultismus haben im Neuplatonismus ihre Wurzeln, denn bereits die ersten Neuplatoniker unter Plotin (205–270) formulierten aus dem platonischen Gedankengut eine Dämonenlehre. Krankheit

Hieronimus Cardanus (1501–1576) italienischer Arzt, Astrologe und Mathematiker, ist sowohl aufgrund seiner beruflichen Leistungen als auch wegen seiner widerspüchlichen Haltung allem Magischen gegenüber ein Spiegel seiner Zeit. So hat er viel beachtete mathematische Leistungen hervorgebracht, suchte nach einer Weiterentwicklung der hippokratisch-galenischen Medizin und begründete eine charakterologische Typenlehre, wonach Charaktere sich an den astrologisch gedeuteten Stirnfalten erkennen lassen. Zum einen „verteufelte" er Gespensterglauben, dann wieder berief er sich auf übersinnliche Erfahrungen und halluzinatorische Erlebnisse. Er glaubte an seinen persönlichen Schutzgeist, dessen Existenz er aber auch bezweifelte und bekannte sich schließlich zu einer pantheistischen Naturphilosophie, was ihm die Anklage und Einkerkerung wegen Häresie einbrachte. Wenig später, nachdem er seine Lehren widerrufen hatte, starb er. Wie Cardanus suchten auch andere Geheimwissenschaftler seiner Zeit in physischen Anlagen zu „lesen", wie z. B. in den Handlinien.

und Geistesstörungen galten als Dämonenbesessenheit, die nur mittels Beschwörung oder Exorzismen ausgetrieben werden konnten. Dämonen konnten in Steinen, Tieren und Nahrungsmitteln wohnen und so auf Menschen übergehen oder ihnen Schaden zufügen. Auch die Gelehrten der Renaissance beschäftigten sich ausgiebig mit diesem Dämonenglauben, unter ihnen auch naturwissenschaftlich Gebildete wie die Ärzte Paracelsus, Johann Weyer, der Mathematiker John Dee, allen voran aber Agrippa von Nettesheim, der große Gelehrte des 15. Jahrhunderts, der wie andere Geistesgrößen seiner Zeit deswegen für einen Teufelsbündler gehalten wurde. Agrippa von Nettesheim (1486–1535) führte ein abenteuerliches Leben. Nach diversen Studien lehrte er in ganz Europa, zog immer wieder in den Krieg und arbeitete schließlich als Arzt und Anwalt. Er veröffentlichte zwei bedeutende Werke, die eine Synthese aus Neuplatonismus, Mystik, Magie, Christentum und Kabbala darstellen. Die Magie diente Agrippa als nützliches Vehikel, die geheimen Käfte der Natur zu erforschen. Zahlreiche Legenden der Teufelsverbundenheit ranken sich um Agrippa. So soll ein Student in Agrippas Studierzimmer den Teufel zitiert und dabei sein Leben verloren haben. Als Agrippa nach Hause kam, soll er den Teufel in den Leichnam des Studenten zitiert und ihn auf den Marktplatz geschickt haben, wo der Teufel aus dem Körper wieder ausfuhr und der Student zusammenbrach. Einer anderen Überlieferung nach soll Agrippa von einem schwarzen Pudel begleitet worden sein. Als Agrippa dem Sterben nahe war, verwünschte er das Tier, dem er vorher ein Halsband mit geheimwissenschaftlichen Zeichen umgelegt hatte und trieb so den „bösen Geist" in den nächsten Fluss. Der Pudel sollte später die Vorlage für den berühmten mephistophelischen Pudel in Goethes Faust abgeben. Agrippas Famulus war der spätere berühmte Arzt Johannes Weyer (1515–1588), einer der größten kritischen Dämonenforscher seiner Zeit. Als Agrippa von Nettesheim mit nur 49 Jahren starb, hinterließ er seine Frau mit sieben Kindern und hatte den Ruf ein Teufelszauberer zu sein.

Auf einem seiner zahlreichen Veröffentlichungen ist Agrippa von Nettesheim im Gewand des Gelehrten dargestellt. Den Ruf im Bund mit dem Teufel zu sein, hatte er bereits zu Lebzeiten.

Luther und der Teufel

Zu Agrippas Lebzeiten bildeten sich Theorien, Lehren, Ideen, Konstrukte, aber auch Reformen aller Art wurden in Gang gebracht. Es war eine Zeit der Suche nach Erklärungen für die Vorgänge der Natur, des Glaubens, des Übersinnlichen und der Wissenschaft. So entwickelte Martin Luther (1483–1546) seine reformatorischen Gedanken und begründete damit die protestantische Kirche – er wurde deshalb von der römischen Kirche als Ketzer verurteilt und geächtet. Doch trotz aller Reformgedanken war Luther ein glühender Anhänger des Teufelsglaubens.

Aus einer Lutherpredigt des Jahres 1526 in Wittenberg: „Es ist ein überaus gerechtes Gesetz, dass die Zauberinnen getötet werden, denn sie richten viel Schaden an, was bisweilen ignoriert wird, sie können nämlich Milch, Butter und alles aus einem Haus stehlen, in dem sie es aus einem Handtuch, einem Tisch oder einem Griff melken, das ein oder andere gute Wort sprechen und an eine Kuh denken. Und der Teufel bringt die Milch und Butter zum gemolkenen Instrument. Sie können ein Kind verzaubern, dass es ständig schreit und nicht isst, nicht schläft etc. Auch können sie geheimnisvolle Krankheiten im menschlichen Knie erzeugen, dass der Körper verzehrt wird. Wenn du solch Frauen siehst, sie haben teuflische Gestalten, ich habe einige gesehen. Deswegen sind sie zu töten“.

Protestanten glauben auch an den Teufel

Luther studierte neben Theologie auch Jura. 1507 unterzog er sich der Priesterweihe, 1515 promovierte er in Theologie. 1517 veröffentlichte er in Wittenberg die 95 Thesen gegen den Ablasshandel und eine verweltlichte, der christlichen Botschaft entfremdete Kirche. Er fand ungeahnten Anklang in der Bevölkerung. Es kam zu einer Anklage wegen Ketzerei, schließlich zum Bruch mit dem Papsttum. Man nahm Luther in Schutzhaft, in der er die Reformationsgedanken überarbeitete, das Neue Testament übersetzte und zahlreiche theologische Schriften verfasste. 1525 heiratete er die Nonne Katharina von Bora. Schließlich bereitete er mit Melanchton die Neuentstehung des Kirchen- und Schulwesens vor. Bis zu seinem Tod lehrte und veröffentlichte Luther und hatte durch seine gedruckte Bibelübersetzung auch maßgeblichen Einfluss auf die deutsche Sprache. Luther hielt aber trotz seine revolutionären Ideen und seines juristischen und theologischen Wissens am Teufelsglauben fest. Er selbst will sich an zahlreiche Begegnungen mit dem Teufel erinnert haben. So soll ihm während seiner Schutzhaft auf der Wartburg der Teufel in Form eines Poltergeistes erschienen sein. Die „Teufelshuren“ waren ihm ein besonderer Anlass zur Sorge und 1529 schrieb er: „… ich habe etliche zu vermahnen, dass viele Wettermacherinnen sind, die nicht allein die Milch stehlen, sondern auch die Leute schießen (Hexenschuss). Wir kennen einige von ihnen. Wenn sie sich nicht bekehren, werden wir sie den Folterknechten befehlen". Luther stellt sich also nicht gegen die Folter, er begünstigt sie sogar durch seine Äußerungen. Da setzte also seine Reform nicht an, im Gegenteil, ihm scheint die Folter der angemessene Weg die Schuldigen zu überführen, denn der „Teufel mache die Weiber stumm". Die Folter und der Scheiterhaufen sind im Rechtsdenken der Lutherischen Zeit fest verankert, daran wird nicht gezweifelt, auch an der Existenz von Hexen, Geistern und Teufeln nicht. In zahlreichen Texten geht Luther auf den Teufel und sein schändliches Wirken ein und so sehr er die katholische Lehre von einigen „Irrungen und von Aberglauben" befreien möchte, so sehr geht er mit ihr einig, was die Hexenverfolgung und Teufelsaustreibung betrifft: „... dass die Hexen wegen ihres Bundes mit dem Teufel zu recht verbrannt werden. Wo man die Teufelshuren kriegt und mit dem Feuer verbrennt. Es ist nicht wegen des Milchdiebstahls, sondern um der Lästerung willen, die sie wider Christus tun". Luthers Predigten gehen immer wieder auf die Verfolgung der Hexen ein und er verhängte über einige sogar den Bann (d. h. er exkommunizierte sie). Das 16. Jahrhundert ist von spannungsgeladenen Glaubensdiskussionen geprägt, die Bevölkerung ist einerseits des Papsttums müde, auf der anderen Seite verunsichert und so sind Aberglauben und Spekulation Tür und Tor geöffnet. Die Hexenverfolgung geht in eine neue, noch grausamere Runde.

Auf Pamphleten seiner Zeit, die sich kritisch gegen ihn richteten, wurde Luther mit dem Narren und dem Teufel im Verbund dargstellt. Narren galten als dem Teufel nahestehend.

Teuflische Wissenschaften

Einer der führenden häretischen Astrologen des Mittelalters war Cecco d'Ascoli (1257–1327). Er behauptete, dass Jesu Geburtshoroskop ihm den gewaltsamen Tod am Kreuz gebracht hätte. Weitere Äußerungen, die der kirchlichen Dogmatik widersprachen, brachten Ascoli auf den Scheiterhaufen.

Das Mittelalter wurde nicht nur durch die Theologie geprägt, sondern besonders auch durch die Alchemie und die Astrologie, aus denen später die Chemie und die Astronomie hervorgehen sollten. Auch wenn die Naturwissenschaften der Kirche ein Dorn im Auge waren, brachte doch die Zeit zwischen dem 14. und 17. Jahrhundert viele herausragende Wissenschaftler hervor.

Alchemie und Astrologie

Zwar war das Denken auch scheinbar nüchterner Geister von Mystik, Theologie oder geheimwissenschaftlichen Elementen geprägt, aber die Herausforderung die Natur zu erforschen, war zu verlockend und wurde trotz der Gefahr als teuflisch zu gelten, angenommen. Eine ganz besondere Stellung nahm die Alchemie ein. Ihre Wurzeln liegen in hellenistischer Zeit, als sie zusammen mit gnostischem, neuplatonischem Gedankengut und orientalischem Wissen zusammentraf. Ahnherr der Alchemie soll der sagenhafte Hermes Trismegistos gewesen sein, eine Umschreibung des ägyptischen Gottes Toth, der zahllose Schriften über Medizin, Metallschneidekunst und Alchemie hinterlassen haben soll. Zur Legende hat sicher beigetragen, dass an den ägyptischen Priesterschulen Heilkunst und Metallurgie als esoterische (nur für ausgewählte zugängliche) Wissenschaft gelehrt wurde.

Die hermetische Lehre ist stark von astrologischen Vorstellungen durchzogen. Die überlieferten oder auch pseudohermetischen Lehren dienten den Alchemisten des Mittelalters als Grundlage für ihre Forschung. Dem Einfluss und der Faszination der Alchemie vermochte sich kaum ein Gelehrter des Mittelalters und der Renaissance zu entziehen. Vereinigten sich hier doch naturwissenschaftliche Ansätze mit mystischen, denn Ziel der Alchemie war es, unedles Metall in edles zu verwandeln, nämlich in Gold. Dieser Ideenkomplex sollte auch auf Menschen angewendet werden können, es galt „den Stein der Weisen“ zu finden. Viele bedeutende Alchemisten

Der Arzt Villanovanus beim Verfassen seiner Bücher, Holzschnitt um 1500.

waren auch Astrologen wie die Arzt Arnaldo Villanovanus (1235–1311), er wurde der Ketzerei angeklagt und musste widerrufen, Petrus Aponensis (1257–1316), wurde wegen Zauberei inhaftiert und starb im Gefängnis, Roger Bacon (1214–1294), wegen seiner geheimwissenschaftlichen Neigungen verurteilt. Spätere Forscher wie Paracelsus (1493–1541), sollten es etwas einfacher haben, zu experimentieren und zu veröffentlichen, denn zu populär waren die Forscher geworden und zu sehr hatte die Alchemie an Liebhabern gewonnen, zumal ihre Leistungen auf pharmazeutischem Gebiet sichtbar waren. Die bereits angesprochene Astrologie, jene Lehre von der Entsprechung der Gestirne in der Menschenwelt, war bereits in vorchristlicher Zeit bekannt und erhielt sich als heidnisches Element bis ins Christentum. Trotz aller häretischer Anklagen erfreuten sich die Astrologen größter Beliebtheit an den europäischen Fürstenhäusern der Renaissance.

Die Astrologie lieferte der späteren Astronomie das Grundwissen, denn bis zum Barock gab es nur die Bezeichnung Astrologie. Trotz der Verfolgung von Geheimbündlern, häretischen Denkern, Alchemisten und Astrologen faszinierte gerade die Mischung all dieser Wissenschaften auf geradezu teuflische Weise die Universalgelehrten dieser Zeit. Die Kiche war sich der Macht solcher Forschergeister durchaus bewusst. Intelligenz war teuflisch!

Besonders verdächtig wurde die Alchemie wegen ihrer geheimen Zeichensprache. Verschlüsselte Diagramme, Listen der Metalle, der Charaktere sowie eine Unzahl von Symbolen gaben der Wissenschaft den Reiz des Unergründlichen und Geheimen.
Hier Alchemisten im Gespräch mit einem Kirchenvertreter in ihrer Werkstatt mit dem alchemistischen Destillierofen.

Wissen ist ketzerisch

Wie bereits im vorangegangenen Kapitel beschrieben, wurde so manch einem Forschergeist des Mittelalters und der Renaissance seine Neigung zum Verhängnis. Andere wiederum konnten sich geschickt durch die Inquisitionsgerichte, kirchlichen Auflagen und Institutionen lavieren. Die von vielen Alchemisten, Astrologen, und kabbalistisch angehauchten Wissenschaftlern verwendeten Geheimschriften und Zeichensprachen dienten ja nicht nur dazu, das Wissen zu erweitern und daraus Kenntnisse zu ziehen, sondern so manches Ergebnis sollte auch unkundigen Geistern verborgen bleiben.

Eigentlich ein Kompliment, dass der Teufel so gescheit sein soll?

Giordano Bruno wurde bis heute nicht von der katholischen Kirche rehabilitiert.

Neben Alchemie, Astrologie, Theologie und Heilkunde waren Philosophie und Mathematik die Gebiete, auf denen sich die Gelehrten der Renaissance hervortaten. Einer von ihnen, Giordano Bruno (1548–1600), war ein herausragender Philosoph und hatte nachhaltigen Einfluss auf spätere Denker. Zwar war Bruno noch immer geprägt vom neuplatonischen Gedankengut und dessen magischen und okkulten Elementen, doch weit mehr berührte ihn die Lehre des Kopernikus. Ungeheuer belesen, vereinte Bruno Emotionales mit Naturwissenschaftlichem und entwickelte seine Philosophie der Weltseele. Dies missfiel den Inquisitionsgerichten und 1600 ließen sie ihn, der aus ihren Reihen stammte – denn Bruno war Dominikaner – auf dem Campo dei Fiori in Rom hinrichten. Bis heute ist dieser Gelehrte von der katholischen Kirche nicht rehabilitiert!

Ebenso wie Giordano Bruno war Galileo Galilei (1546–1642), Mathematiker, Physiker und Philosoph, von dem heliozentrischen Weltbild des Nikolaus Kopernikus beeinflusst. Er trat 1610, also 10 Jahre nach Giordanos Hinrichtung, öffentlich dafür ein. Zu diesem Zeitpunkt hatte es Galilei schon zu beachtlichem Ruhm als Naturwissenschaftler gebracht, nachdem er das systematische Experiment eingeführt, die moderne Kinematik begründet und das Fernrohr erfunden hatte. Nach seinem öffentlichen Bekenntnis, dass die Erde um die Sonne kreise, verlangte er eine Neuinterpretation der Heiligen Schrift. 1616 wurde seine Lehre verboten, 1632 wurde der Prozess gegen Galilei eröffnet, 1633 schwor Galilei seinem „Irrtum“ ab und verbrachte den Rest seines Lebens in Hausarrest. Die Anklage gegen Galilei lautete Ketzerei – alles was nicht der, von der Kirche gesetzten, Norm entsprach war also teuflisch. Erst 1992 wurde dieser geniale Naturwissenschaftler von der katholischen Kirche rehabilitiert. Galileis Konflikt mit der Kiche war so symptomatisch für die Zeit, dass er auch wiederholt Niederschlag in der Literatur fand. Ein weiterer Zeitgenosse Galileis blieb zwar von der Inquisition verschont, da er sich stets unter dem Schutz eines Regenten befand, jedoch geriet seine Mutter in den Verdacht eine Hexe zu sein. Johannes Keppler (1571–1630), kaiserlicher Mathematiker und Hofastronom des Kaisers Rudolfs II., dem er wie später auch Wallenstein Horoskope erstellte, vervollkommnete das kopernikanische Weltbild, indem er die Planetenbewegung begründete. Nur seinem Einfluss und seinen Beziehungen war es zu verdanken, dass er seine Mutter aus der Haft frei bekam und vom Vorwurf der Hexerei entbinden konnte. Dieses Beispiel zeigt eine beliebte Variante des Ketzervorwurfs auf: wenn eine verdächtige Person zu mächtig und einflussreich war, übte die Obrigkeit Druck auf Verwandte aus.

Bis 1543 war das ptolomäische Weltbild die vorherrschende Theorie und diente hauptsächlich zur Stabilisierung der christlichen Lehre, wonach Gott die Welt erschaffen und den Menschen nach seinem Ebenbild geformt hatte. Nach Claudius Ptolomäus drehten sich Sonne, Sterne und Mond um die Erde. Als 1543 Nikolaus Kopernikus (1473–1543) sein Lebenswerk „Über den Umlauf der Himmelssphären“ veröffentlichte, wusste er, dass er das herrschende Weltbild in Frage stellte, was einem Todesurteil gleichkam. Doch sein hohes Alter und die verklausulierte Schreibweise bewahrten ihn davor. Zwar wurde seine Lehre verboten, aber die Wahrheit ließ sich nicht mehr aufhalten.

Raimundus Lullus (1235–1315) studierte arabische Sprachen und lehrte Alchemie. Er systematisierte die alchemistische Sprache und beeinflusste so Agrippa von Nettesheim und Giordano Bruno. Bei Lehrreisen in Nordafrika starb er unter Steinwürfen als Märtyrer.

Oben: Der heilige Benedikt bannt den Teufel, der den Bau einer Kirche verhindert. Unten: Der berühmte Exorzist, der hl. Filipo Neri aus dem 16. Jhd..

Teufelsaustreibung

Als das Hexentreiben in Europa auf seinem Höhepunkt war, erschienen auch gehäuft Publikationen zum Thema Exorzismus. Unter Exorzismus versteht man das Austreiben des Satans oder Dämons unter Anrufung Gottes. Bereits im Alten Testament waren Exorzismen bekannt. Das frühe Christentum hat den Brauch aus dem spätantiken Heidentum übernommen, das die „Heilung Besessener“ und die „Bannung böser Geister“ ebenfalls kannte.

Exorzismus ist Chefsache

Bis zum 3. Jahrhundert waren die „exorcistae“ eine eigene Klasse von Kirchenbeamten, heute ist jeder katholische Preister, der die „dritte niedere Weihung“ erfährt, zu Exorzismen befugt. Luther nahm den Exorzismus in seinen Kleinen Katechismus auf. Das Vorgehen bei Exorzismen ist starken Riten unterworfen und im Zuge der Hexenverfolgung ist es zu wahren Besessenheitsepidemien gekommen. So hatten 1642 die Nonnen in einem französischen Kloster Anfälle, Halluzinationen und gebärdeteten sich in exzessiven Bewegungen. Als Grund gaben sie an, dass zwei Priester die Besessenheit verschuldet hätten, beide wurden zum Feuertod verurteilt. Die Besessenheit griff um sich wie eine Seuche, gerade in Abhängigkeitsverhältnissen, wie Lehrer-Schüler, Priester-Gläubige, Eltern-Kinder, schien dieses Phänomen besonders zu fruchten. Um diesem Treiben Einhalt zu gebieten, wurde das „rituale romanorum“ gebildet. Es sollte die Verhaltensweisen für Exorzisten festlegen und helfen, Besessenheit zu erkennen. So muss der exorzierende Priester in reifem Alter sein, von einem Bischof autorisiert sein, muss vor dem Exorzismus fasten und beten und sich in Exorzismen auskennen. Exorzismus liegt vor, wenn mehrere Worte in fremder Sprache gesprochen werden, Entferntes oder Verborgenen offenbart wird oder wenn sich Kräfte zeigen, die über das Alter und die Konstitution des vermeintlich Besessenen hinausgehen. An den Besessenen müssen Fragen bezüglich Anzahl und Aussehen der Dämonen gestellt werden.

Kreuz, Reliquien und Weihwasser müssen bei der Befragung griffbereit sein, der Exorzist muss während der Prozedur beten, auch wenn er Zeichen der Besserung sieht. Jedes Körperteil, in das sich der böse Geist zurückzieht, muss gesondert behandelt werden. Auch die Teufelsaustreibung diente dazu, das Volk in Furcht zu halten. Auf der anderen Seite hat der Exorzismus auch die Fantasie der Teufelsbündler und der Okkultisten angestachelt. Als die große Hexenverfolgung längst am Abebben war, traten auf einmal Persönlichkeiten auf, die sich ganz besonders mit dem Teufelsaustreiben beschäftigten. Es war auch die Zeit der sich neu formierenden Geheimbünde (Theosophie, Rosenkreuzer) die Exorzismus, Hexerei, Dämonenwesen mit dem „Gruselfaktor“ salonfähig machten. Einer der berühmtesten Teufelsaustreiber war der Pfarrer Johann Joseph Gassner, der im 18. Jahrhundert lebte und wirkte und ein Lehrbuch zur Teufelsaustreibung geschrieben hat. Dem fanatischen Teufelsbanner liefen um 1750 Tausende von Menschen zu, um vom Dämon befreit zu werden. Die Kirche untersagte Gassner schließlich seine Tätigkeiten, doch sein Geist wirkte noch weiter auf die Dämonengläubigen in der Zeit der Aufklärung, einer Zeit die eigentlich den Hexenwahn beendete und mit dem Aberglauben Schluss machte. Doch gerade da sollten die Geheimbündler, die okkultistischen Gruppen, spiritistischen Zirkel und die großen dämonischen Scharlatane ihre große Zeit bekommen. Der kirchliche und nichtkirchliche Exorzismus hat sich bis in unsere Zeit erhalten, nicht selten mit Todesfolge, doch davon mehr im letzten Kapitel.

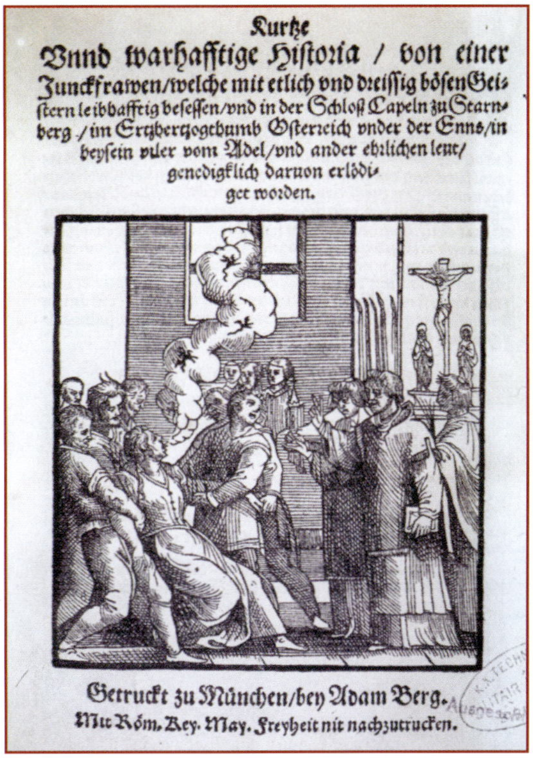
Kurtze
Vnnd warhafftige Historia / von einer Junckfrawen/welche mit etlich vnd dreissig bösen Geistern leibhafftig besessen/vnd in der Schloß Capeln zu Starnberg / im Ertzhertzogthumb Österreich vnder der Enns/in beysein vieler vom Adel/vnd ander ehrlichen leut/ genedigklich darvon erlödiget worden.

Getruckt zu München/bey Adam Berg.
Mit Röm. Key. May. Freyheit nit nachzutrucken.

In Bayern erschien diese „wahre Geschichte der Teufelsaustreibung“ um 1600.

Gassners Werk ist in zehn Abschnitte unterteilt. Der erste Abschnitt beschäftigt sich mit der Erkennbarkeit eines Besessenen. Besonders Krankheiten sind auszuschließen. Im zweiten Abschnitt werden die verschiedenen Grade der Besessenheit behandelt. Im dritten Abschnitt werden die Zeichen genannt, an denen die Besessenen zu erkennen sind, aufgeteilt nach Erwachsenen, Kindern, Tieren, Gegenständen: „wer vor den heiligen Sakramenten zusammenfährt, wer Nadeln und Glasscherben erbricht, wer in seinem Leib ungewöhnliche Töne hat, wenn Kinder furchtsam umherblicken, nicht essen, abmagern, an den Lenden schwarz werden“. Der letzte Abschnitt enthält Beschwörungsformeln und praktische Vorschriften für den Exorzismus.

Gegner des Hexenwahns, Fürsprecher des Teufels

Im 16. Jahrhundert regte sich allmählich der Widerstand gegen den Hexenwahn und zahlreiche Gelehrte protestierten gegen die entsetzlichen Verbrechen, die an Unschuldigen begangen wurden. Doch viele von ihnen konnten sich nicht völlig aus dem Denken ihrer Zeit lösen, denn einerseits widerlegten sie die Anschuldigungen, die Hexen gemacht wurden, mit rationalen Erklärungen, auf der anderen Seite traten sie für die Existenz des Teufels ein. Einer der berühmtesten Teufelsvertreter war der Arzt Johann Weyer (1515–1588).

Ein Alchemist beschwört den Teufel mit Zauberformeln und drogenartigen Dämpfen.

Teufelsmänner

Der aufgeschlossene und protestantische Johann Weyer, war ein Schüler des Gelehrten und Dämonenforschers Agrippa von Nettesheim. Er war unter anderem Leibarzt des Herzog Wilhelm IV. von Jülich und Cleve, reiste durch ganz Europa und war an anderen Adelshöfen tätig. Weyer, den die Zunahme der Hexenverfolgung sehr beunruhigte, erklärte, dass Taumel, Hexenflug, Sinnesstörungen, wie sie den Hexen vorgeworfen wurden, durch Heilpflanzen wie Bilsenkraut und Belladonna (Tollkirsche) hervorgerufen werden können. Er forschte mit Opiaten und anderen Rauschmitteln und analysierte deren Wirkung. Seine zahlreichen Veröffentlichungen („Von Zauberern und Hexen"), wurden zu Standardwerken gegen den Hexenwahn. Er wies

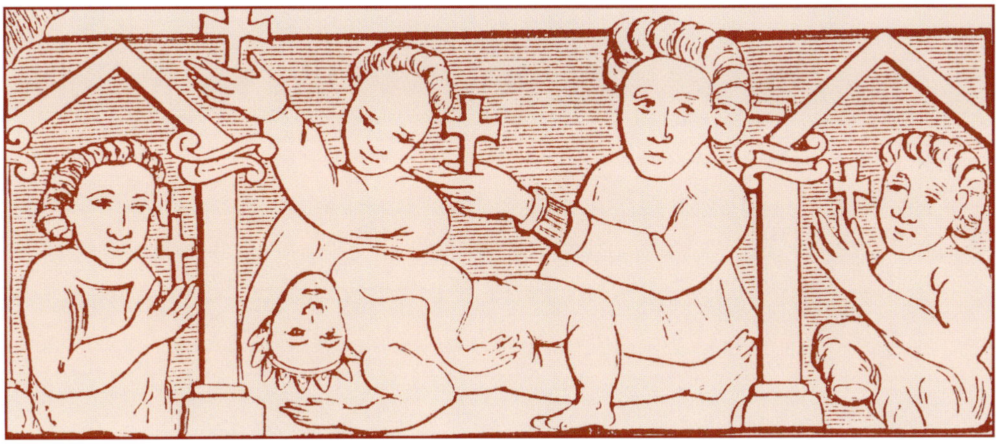

Diese Radierung zeigt die Exorzierung eines Kindes, angefertigt nach einem Relief aus dem 15. Jahrhundert.

nach, dass besondere Krankheiten, deren Entstehung den Hexen zugeschrieben wurden, natürliche Ursachen haben und führte sozio-psychologische Argumente gegen den Hexenwahn und die Verurteiling von Frauen an. Von seinen Gegnern wurde er als Feminist bezeichnet, schlimmer aber noch war der Vorwurf, dass Weyer dem Teufelswahn verfallen sei. Denn Weyer negierte zwar die Schuld der Hexen, glaubte aber an die Macht des Teufels und stellte zahlreiche Beweise mittels der Bibel an, die Welt der Engel und Teufel zu klassifizieren. Seiner Meinung nach, konnte die Macht der Dämonen nur durch ihre Entschlüsselung gebannt werden. Er verschob also die Schuld – weg von den schwachen Frauen hin zu den Magiern und Teufelsbesessenen. Sein ärgster Gegner war der Rechtstgelehrte Johannes Bodin (1529–96), der behauptete, dass die Hexen nicht vom Satan zu trennen seien und in Schmähschriften wies er in Weyers Werken Teufelsbeschwörungen und Zauberformeln nach. Weyers Kritik scheiterte an seiner eigenen Dämonenorientiertheit und verhallte im landläufigen Glaubenswahn. Nur seinem Schutzherren Herzog Wilhelm IV. war es zu verdanken, dass Weyer der Inquisition entging. Als Herzog Wilhelm unheilbar erkrankte, nehmen die Hexenverfolgungen wieder zu und Weyer musste den Hof verlassen, kurz darauf starb er.

Weyer, der eine systematische Zuweisung von Eigenschaften der einzelnen Dämonen verfasst hatte, gilt in der Dämonenforschung als einer der kompetentesten Logiker, Ethiker und Heilkundiger. Berühmt ist auch seine Studie über die „Familiare". Familiare ist die Kurzbezeichnung für „spiritus familiaris", d. h. ein zum Hausstand gehöriger Hausgeist, der dem Dämonenbeschwörer als dienstbarer Geist zur Verfügung steht. Diese Helfer können in Form kleiner Tiere auftreten und sollen in kleinen Schachteln oder Dosen eingesperrt werden, damit sie nicht entweichen können und immer in der Nähe des Beschwörers sind. Der Okkultist und Gelehrte Cardanus und auch Paracelsus rühmten sich des Umgangs mit den Familiaren. Mephisto in Goethes Faust ist der Inbegriff eines Spiritus familiaris.

Mutige Männer

Zu allen Zeiten der Hexenverfolgung gab es kritische Gegner, allerdings liefen diese immer Gefahr, selbst als Hexer verurteilt zu werden. So manches Buch wurde anonym verfasst oder aber es gab, wie im Falle Weyers, einen Schutzherren, der die kritischen Denker vor Verfolgung schützte. Im den eigenen kirchlichen Reihen regte sich zur Zeit Weyers ebenfalls verstärkt die Kritik an den unsinnigen Prozessen. Besonders einige Rechtsgelehrte taten sich darin hervor.

Folterkammer nach einem Stich aus dem 16. Jhd.

Erste Rufe der Vernunft

Einer der wirkungsvollsten Gegner der Hexenverfolgung war der Jesuit Friedrich von Spee (1591–1635). Als Theologe und Rechstgelehrter konnte er den Hexenglauben aus zwei verschiedenen Blickwinkeln beurteilen. Er setzte sich gegen die Hexenprozesse ein und veröffentlichte mutig, dass „selbst der Papst, würde er von einem Inquisitor befragt, sich schließlich zur Zauberei bekennen würde“. Da er fünf Jahre als Beichtvater für verurteilte Hexen in Würzburg tätig war, erfuhr er direkt von den unmenschlichen Misshandlungen während der Prozesse. Weiter erklärte er, dass Leichtsinn, Aberglaube und Unwissenheit zu den unrechtmäßigen Verfolgungen führen würden: „Feierlich schwöre ich darauf, dass unter den vielen, die ich wegen angeblicher Hexerei zum Scheiterhaufen begleitete, nicht eine war, von der man – alles genau erwogen – hätte sagen können, sie sei schuldig gewesen; das gleiche teilen mir zwei

Die Wasserprobe

Theologen aus Erfahrung mit“. Ebenso wie sein Jesuitenbruder Adam Tanner (1572–1632) rät Spee den deutschen Obrigkeiten von weiteren Verfolgungen ab. In seiner „cautio criminalis“, einem der bedeutendsten und mutigsten Werken seiner Zeit, hat er in vorsichtigen Umschreibungen den Unsinn der Hexenverfolgung aufgezeigt. Spee hatte das Werk anonym herausgebracht, um nicht selbst Opfer der Inquisition zu werden. Fortgesetzt wurde das mutige Aufbegehren von dem Philosophen und Theologen Adam Tanner (1572–1632). Er äußerte in seiner „Theologia scholastica“ schwere Bedenken gegen die Form der Hexenprozesse und forderte ihre Milderung. Ganz in seinem Sinne agierte auch Christian Thomasius (1655-1728), ein deutscher Philosoph und Rechtsgelehrter. Er hielt Vorlesungen in deutscher Sprache und war ein Mann der Praxis. Er wollte naturrechtliche Bestimmungen angewendet wissen und setzte sich intensiv mit den Argumenten des Juristen Benedictus Carpzov (1595–1666) auseinander, dessen juristische Schriften besonders in Saschen Anwendung fanden. Da Carpzov ein Vertreter radikaler und brutaler Hexenverfolgung war und seine Härte mit Stellen aus dem Alten Testament belegte, versuchte Thomasius dessen Theorien zu widerlegen. So war Thomasius der Ansicht, dass der Teufel als ein rein geistiges Wesen nicht zu einer Buhlschaft mit den Hexen tauge und versuchte somit das wichtigste Argument in den Hexenprozessen zu entkräften. Dank seines vehementen Einsatzes ist es 1714 unter Friedrich Wilhelm I. zu einem Verbot der Hexenverfolgung in Preußen gekommen. Der Hexen- und Teufelsglaube war damit aber längst nicht besiegt.

Verbrennen auf dem Scheiterhaufen
Der Mut sich über die Missstände bei den Hexenprozessen zu beklagen wurde nicht selten mit dem Tod der Kritiker bezahlt. Äußerst vorsichtig mussten die kritischen Geister vorgehen, um ihre Bedenken gegen die unmenschlichen Folterbedingungen und die unnötigen Verbrennungen zu äußern, meist geschah dies unter Pseudonym.

Dr. Faustus: Teufelskerl, Gelehrter, Scharlatan

Eine der schillernsten Persönlichkeiten des 15. Jahrhunderts war der berühmte Dr. Johannes Faustus. Bereits zu seinen Lebzeiten rankten sich die Legenden um seine Herkunft, sein Wirken und sein Ableben. Er gilt als der Prototyp eines Schwarzkünstlers und Okkultisten, er ist dank Goethes Faust-Drama zum Protagonisten der Weltliteratur geworden und steht für den Teufelsbündler schlechthin.

Legende oder Historie

Den Überlieferungen nach ist Dr. Johannes Faustus keine klar historisch umrissene Persönlichkeit, so wird einerseits das Geburtsjahr 1485 angegeben, aber schon beim Geburtsort ergeben sich Unstimmigkeiten. Bereits früh soll sich jener Faustus, der sich „Magister Georgiu, Sabellicus, Faustus junior, fons necromanticorum, astrologus, magus secundus, chiromanticus, aeromanticus, pyromanticus, in hydra arte secundus“ nannte, mit den Studien der Magie befasst haben. An den großen geheimwissenschaftlichen Universitäten seiner Zeit, Krakau, Salamanca und Toledo soll er studiert haben, bis er sich, begleitet von seinem Famulus Johannes Wagner, seinen eigenen Studien hingab. Schließlich soll er für 24 Jahre einen Teufelspakt geschlossen haben und im Dienste des Mephistopheles gestanden sein. Dabei soll er Beschwörungszeremonien, Dämonen-

Der Holzschnitt war die Titelillustration der Originalausgabe des „Doctor Faustus“ von Christpher Marlowe im Jahre 1631.

forschung, Kristalllesen, Handlesen, Alchemie, Feuerkunst und andere Experimente durchgeführt haben. Nach einem Vagantenleben soll er 1540 einen gewaltsamen Tod gestorben sein, als ihn der Teufel zur Einlösung des Vertrages erwürgte. Zeitgenossen dieses Dr. Faustus, wie der Gelehrte und Dämonologe Agrippa von Nettesheim, sein Schüler Johannes Weyer, der Abt Thrithemius und der engste Vertraute Luthers, Melanchton, wollen ihm immer wieder begegnet sein. Auch berichten sie in ihren eigenen Werken gehäuft über die Scharlatanerie dieses „Horoskopsteller", andererseits rühmen sie seinen Einfallsreichtum. Dennoch bleibt Faustus immer ein Außenseiter der okkulten Szene des 16. Jahrhunderts, zu abenteuerlich klang seine Verschreibung an den Teufel, zu wenig wissenschaftlich waren seine Beweisführungen in der Dämonologie und zu wenig exakt seine biografischen Daten. Dennoch hat diese Persönlichkeit die Fantasie der damaligen Schriftsteller und Gelehrten angeregt, wie kaum ein anderer. In manchen Überlieferungen heißt es, dass das historische Vorbild des Dr. Faustus ein Mainzer Buchdrucker (also Schwarzkünstler) des 15. Jahrhunderts gewesen sein soll. Zu der Annahmen kann man leicht kommen, denn bereits kurz nach Faustens Tod erschienen 1587 die ersten Biografien über ihn, Faust wurde zur Legende. Der erste Herausgeber, der Buchdrucker und Verleger Johannes Spieß, gilt als einer der ersten Sammler von Faust-Legenden. Seine Bücher erreichten viele Auflagen und zahlreiche handschriftliche Notizen, die Spieß angeblich besaß, belegten den Handel des Dr. Faustus, dass dieser seine Seele dem Teufel überschrieben habe. Den englischen Dichter Christopher Marlowe inspirierte der Faust-Stoff 1589 zu einem Werk, das auch Goethe als Vorlage für sein Faust-Drama benutzte, ebenso wie es auf Lessing, Lenz, Grabbe, Heine und Lenau wirkte. In der Figur des Dr. Faustus wurden schließlich jeglicher Aberglauben, Hexenkult, Okkultismus, Alchimismus und Teufelspakt zusammengemischt.

Das Portrait des legendären Dr. Faustus.

Marlowe führte den Begriff Mephistopheles in Zusammenhang mit dem Dr. Faustus ein. Mephistopheles bezeichnet urspünglich einen dem Teufel untergeordneten Dämon. Seit Marlowe wird der Familiar des Dr. Faustus, als der dienstbare Geist, so bezeichnet. Die Quellen hierzu sind unterschiedlich. Abgeleitet wird der Name vom griech. Méphóstophilés, d.h. „der das Licht nicht liebt", aber auch eine Deutung vom altitalischen Gott der Schwefelquellen „Mefitis" wäre möglich. Eine weitere Interpretation zieht das griech. mégistos (der Größte), und opheléin (nützen) an: Megistopheles – der größte Dienstbare. Auch die hebräische Variante „mephir tophel" (Lügenverbreiter) scheint plausibel.

Beschwörung, Nekromantie und Theurgie

Bereits seit der Antike rief man die Geister durch schwarze (böse) und weiße (gute) Magie um ihre Hilfe an. Auf des Basis des von den Neuplatonisten festgelegten Stufenwesens der Dämonenwelt glaubten die mystischen Gelehrten bis weit in das 18. Jahrhundert hinein an die Kraft der Geisterbeschwörung. Die weiße Magie, die mit Hilfe guter Geister und Engel wirkte, bezeichntet man als Theurgie. Agrippa von Nettesheim, Abt Thrithemius, Paracelsus, Giordano Bruno und viele andere Gelehrte bedienten sich ihrer. Als schwarze Magie galt die Nekromantie, das Beschwören der Toten und das damit verbundene Voraussehem des Schicksals und die Nigromantie, das schwarz-magische Beschwören der bösen Geister.

John Dee war bereits zu Lebzeiten eine umstrittene Figur, seinem Assistenten wurden wegen Scharlatanerie die Ohren abgeschnitten.

Teuflische Gelehrtheit

Als eine der berühmtesten nekro- und nigromantischen Geisterbeschwörer seiner Zeit galt der englische Mathematiker und Astrologe John Dee. Nach seinem Studium befasste sich Dee (1527–1608) mit Mystik, Nekromantie und Alchemie. Seine Veröffentlichungen über Hexerei und Dämonenglauben brachten ihn ins Gefängnis, die Anklage lautete Beziehung zu verdammten Geistern zu unterhalten und der Hölle zu entstammen. Nach seiner Entlassung gelangte er am Hofe Königin Elisabeths I. zu Ehren. Ihr erstellte er günstige Horoskope. Im Jahre 1582 tat er sich mit dem Pharmazeuten Edward Kelly zusammen, der nach eigener Aussage Metall in Gold verwandeln konnte. Am okkultistisch interessierten königlichen Hof Prags führten sie alchimistische Experimente vor. Kelly und Dee, die auch in Kristallkugeln göttliche Weisheit zu erblicken versuchten, gerieten mit ihren magischen Experi-

Neben der Geisterbeschwörung war auch die Wahrsagerei und die Prophetie ein Teil der Geheimwissenschaften, ihr berühmtester Vertreter dürfte der Arzt und Prophet Nostradamus (1503–1566) gewesen sein. In rätselhaften und unverständlichen Vierzeilern schrieb er seine Visionen nieder. Die sich bis in heutige Zeit erstreckenden Aussagen werden auch heute noch diskutiert, immer kritischer werden allerdings in letzter Zeit die Stimmen. Es häufen sich die Beweise, dass Nostradamus, bewusst Zweideutigkeiten oder Verschlüsselungen wählte, um sich alle Interpretationsmöglichkeiten offen zu lassen. Bewiesen sind auch zahllose Übernahmen früherer Propheten. Zweifellos hat auch Goethe während seiner Faust-Recherchen Nostradamus gelesen.

menten in das Kreuzfeuer der Kirche. Dee stand unter dem Schutz Elisabeths I., doch Kelly wurde in Prag wegen Betrugs verhaftet und starb im Gefängnis. Dee, der ebenfalls in Prag versuchte, das Festland für seine Dämonenbeschwörung zu sensibilisieren, scheiterte an den Folgen der Gegenreformation. Denn die von ihm begründete Okkulte Philosophie, eine Vereinigung religiöser und wissenschaftlicher Strömungen auf den Grundlagen der Kabbala und des Neuplatonismus waren nicht mehr zeitgemäß. Die Gegenreformation beraubte die Kabbala ihrer religiösen Elemente und ordnete den Rest der Hexerei zu. An seinem Lebensende wurde der begabte Mathematiker Dee als Hexenmeister bezeichnet und Marlowe gab seiner Faust-Figur die Züge John Dees. Zusammen mit Agrippa von Nettesheim, dem Vertreter der Theurgie, ist er authentisches Vorbild für die literarischen Vorlagen des Dr. Faustus. Dee galt bereits zu Lebzeiten als Teufelbündler und wurde der Hölle zugeschrieben.

Der Pakt mit dem Teufel, der hier als Skelett dargestellt wurde, findet sich auf vielen Abbildungen, die das Schaffen der Alchemisten beschreiben. Viele Alchemisten nahmen an, dass ihnen dieser Pakt eine Wissenserweiterung bringen würde.

Der Teufel der Aufklärung

Der Okkultist Éliphas Lévi fertigte diese Illustration an eine Huldigung an den Teufel, jenen Dämon „666“. Rechte Seite: Verspottung des Teufels war ein beliebtes Mittel die Angst vor ihm zu kaschieren, oder ihn lächerlich und somit unwirksam zu machen, hier in einer Illustration der Pariser Zeitung „Charivari“ aus dem Jahre 1833.

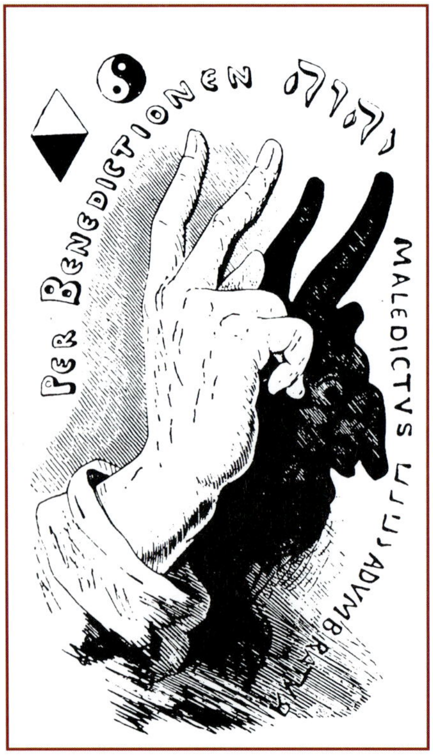

Als sich mit Beginn der Aufklärung, also Ende des 17. Jahrhunderts, langsam die Hexenhysterie legte und Vernunft, Weltoffenheit und Staatsreformen die Macht der Kirche zurückdrängten, fanden zwar nur noch vereinzelt Hexenprozesse statt, aber der Teufel hielt sich weiterhin deutlich in der Vorstellungswelt der Menschen, allerdings auch mit verändertem Gesicht.

Neue okkulte Szene

Hielt der Teufel jahrhundertelang als Schreckensbild für die gläubigen Sünder her, so wechselte er in der Aufklärung vom drachenhaften, dreiköpfigen Dämon hin zu einem gesichtlosen Phänomen. Der schwedische Naturforscher Immanuel Swedenborg (1688–1772) hatte 1745 eine Berufungsvision, nach der er seine technischen Forschungen aufgab und sich ausschließlich seinen Offenbarungen widmete. Er entwickelte eine Universalreligion, die auf drei Schöpfungsstufen ruht: himmlischen, geistigen und natürlichen. Nach Swedenborg trennt sich im Tod der Geist von seinem Körper und geht in ein Zwischenreich ein, wo er sich weiterentwickelt: je nach irdischem Verhalten zum Engel oder Teufel. Nach dem Tod Swedenborgs bildeten seine Anhänger Gruppen und nannten sich „Neue Kirche“. Immanuel Kant, ein Zeitgenosse des Theosophen Swedenborgs verspottete den Jenseitsgedanken, für ihn war nur fassbar, was innerhalb von Raum und Zeit besteht. Beide Gelehrte symbolisieren die Ambivalenz des aufgeklärten Zeitalters: Vernunft contra Spiritualität. Zur selben Zeit bildeten sich auch zahlreiche Geheimbünde wie die Rosenkreuzer und die Freimaurer. Beiden ist die Geheimhaltung ihrer Lehre und ihres Kultes gemeinsam. Der Bund der Rosenkreuzer geht auf den legendären, angeblich 1378–1484 lebenden Christian Rosenkreutz zurück, ihr Schwerpunkt lag besonders auf der Alchemie. Die Alchemie strebt einen Reinigungsprozess der Materie an, der zu einem vollkommenen Zustand führen soll und als Vergeistigung der Materie aufgefasst wurde. Auch die Freimaurer sahen sich eingebettet in die Gesetzmäßigkeiten des Universums und wollten ihr Leben in höchstem, geistigen Bewusstsein leben. Jenen Geheimgesellschaften wurde immer wieder der Pakt mit dem Teufel vorgeworfen, auch dass bei ihnen der Teufel in Form eines geflügelten Krokodils teilnehme. Bis heute hält sich der Antisatanismus gegen Gruppen, die dem Erbe der Freimaurer verpflichtet sind oder pantheosophischen oder freidenkerischen Richtungen angehören. Es ist auffallend, dass sich gerade in der Aufklärung besonders viele Schriften über den Teufel finden. Scheinbar taugt er in der Aufklärung für die kritische Auseinandersetzung mit der Religion, auch gilt er als Symbol des Transzendenten und ist somit Streitpunkt rationalistischen Denkens. Die Menschen der Aufklärung sind süchtig nach der Berechenbarkeit satanischer Macht. Der Teufel wird auf seine historische, exegetische und religiöse Beschaffenheit hin untersucht. Mancher Aufklärer geriet hier bald an den Punkt, alle von der Bibel und der Kirche aufgestellten Wahrheiten in Frage zu stellen, denn wer den Teufel entthronte, entkräftete auch viele andere, besonders im Neuen Testament vorhandenen Wunder und Beweise. Die Autorität der Heiligen Schrift geriet ins Wanken, gleichzeitig war das Interesse amTeufel groß. Manch einer wusste dies zu nutzen und konnte so Anhänger sammeln und das auf nicht immer seriösem Weg.

Als Perversion der katholischen Messriten wurden im 17. und 18. Jahrhundert die Schwarzen Messen populär. Sie gerieten zum grausigen Schauspiel, besonders bekannt wurden die Schwarzen Messen des Abbé Guibourg, die er für die Marquise de Montespan abhielt. Wie bei einer katholischen Messe hielt der Abbé eine Predigt, entweihte allerdings die Hostie über der Scham der nackten Marquise, die ihm als Altar diente. Seine Helferin, die in ganz Paris bekannte Giftmischerin La Voisine, brachte ein zweijähriges Kind herein, legte es auf den Bauch der Marquise und schnitt ihm die Kehle durch. Sein Blut wurde im Weinkelch gefangen, der Abbé und die Marquise tranken davon und vollzogen dann den Geschlechtsakt. Im Jahr darauf wurde die Montespan die Geliebte des Sonnenkönigs Ludwig XIV. und gebar ihm sieben Kinder. Als ruchbar wurde, dass sie den König töten wolle, wurde ihr der Prozess gemacht – sie wurde angeklagt, 2500 Kinder umgebracht zu haben. Ihre eigene Tochter ist vor ihr geflohen.

Der Graf Cagliostro

Besonders die europäische Aristokratie in London und Paris erfreute sich an spritistischenVorstellungen und paranormalen Fähigkeiten. Es war wohl eine Gegenbewegung zum aufkommenden Rationalismus und gesellschaftlichen Strukturwandel, die schließlich in der französischen Revolution 1789 ihren Höhepunkt fand. Einer der schillerndsten Vertreter des modernen Satanismus war der Arzt, Pharmazeut, Abenteurer, Scharlatan, Hochstapler, Magier und Pseudo-Freimaurer Comte Alessandre Cagliostro.

Franz Mesmer (1733–1815), der Vorgänger Cagliostros in Paris, war ein Verfechter des tierischen Magnetismus. Basierend auf den Lehren des Athanasius Kircher (1601–1680), soll ein Kraftstrom „Fluidum" das Universum durchströmen und besonders vom menschlichen Körper abgestrahlt werden. Bereits der griechische Arzt Dioskurides beschrieb auf dem Magnetismus beruhenden Liebeszauber, Paracelsus lobte die besondere Kraft, die dem Eisen innewohne und die zu Heilungszwecken zu nutzen sei. Heute spielen die Magnetiseure in der Alternativen Medizin wieder eine Rolle.

Ein Teufelskerl

Geboren 1743 in Palermo als Guiseppe Balsamo, Sohn einer Kaufmannsfamilie, trat er in einen Bettelorden ein, den er bald darauf wegen seines liederlichen Lebenswandels wieder verließ. Er heiratete 1768 Lorenza Filciani, mit der er nach Rom zog, um dort mit der Kunst des Fälschens berühmt und reich zu werden. Allerdings musste er deswegen öfter seinen Wohnsitz wechseln und kam so nach London. Dort zog er die adlige Gesellschaft mit magischen Vorführungen und Beschwörungen in seinen Bann, die Frauen lagen dem charmanten, gut aussehenden Schwindler zu Füßen. In London gelangte er auch in den Besitz einer rätselhaften Handschrift, die auch der französische Okkultist Martines de Pasqally gekannt haben muss, da sich seine kabbalistischen Riten daran anlehnten. Cagliostro gründete daraufhin eine ägyptische Freimaurerloge, deren fantastische Rituale seine Zeitgenossen faszinierten. Die einen liebten ihn, die anderen hassten ihn. Russland wies ihn 1780 aus, während er in Warschau und Strassburg jubelnd empfangen wurde und wo er seine Wunderheilungen und alchimistischen Versuche durchführt. Cagliostro behauptete immer wieder, den „Stein der Weisen" gefunden zu haben und Metall in Gold verwandeln zu können. Schließlich rief ihn der Kardinal Louis de Rohan nach Paris, dem damaligen Zentrum pseudowissenschaftlicher Zirkel, wo seine Séancen gesellschaftliche Attraktionen waren. Er trat dort die Nach-

Graf Cagliostro (rechts) und Mesmer waren sich nicht nur optisch ähnlich, sie waren auch beide Mittelpunkt der spiritistischen Zirkel in Paris.

folge des legendären Franz von Mesmer (1733–1815) an, der mit seiner Lehre des tierischen Magnetismus Aufsehen erregt hatte. In Paris empfing auch seine Frau Lorenza den „Ruf Seraphims“ und begeisterte mit ihren Vorführungen die Gelehrten und gekrönten Häupter und das Volk. Das Unheil begann, als Cagliostro und seine Frau 1785 in die „Halsband-Affäre“ verwickelt und wegen Riesenbetrugs zu Haft in der Bastille verurteilt wurden. Doch die begeisterte Menschenmenge setzte sich für sie ein und begleitete sie nach ihrer Entlassung nach Hause. Dennoch mussten beide Frankreich verlassen. Auch in London war sein Stern gesunken und selbst die Freunde aus den geheimwissenschaftlichen Zirkeln konnten ihn nicht mehr stützen. Ohne Vermögen kehrte Cagliostro nach Rom zurück, wo er von der Inquisition sofort wegen Ketzerei angeklagt und zum Tode verurteilt wurde. Schließlich wurde er begnadigt, aber zu lebenslanger Haft verurteilt, in der er nach zahlreichen Hungerstreiks, unter Wahnvorstellungen starb. Bis heute fasziniert die Figur dieses gerissenen Lebemanns, der Männer um ihr Vermögen, Gräfinnen um die Ehre und Adlige um ihren guten Ruf brachte, und gab zu zahlreichen Romanen den Stoff. Cagliostro bediente sich teuflischer Gerissenheit, um sich die Herzen, Seelen und Geldbeutel der Menschen zu stehlen und verkörperte als Gentleman-Gauner den Typ des aufgeklärten Satans.

Der Teufel ist tot? Es lebe der Teufel!

Längst war zum Ende des 19. Jahrhunderts der Teufel kein Schreckbild mehr, obwohl die Kirche immer wieder versuchte, dieses aufrecht zu erhalten und seinen schlechten Nimbus zu bestätigen. Immer wieder wurden Teufelsanhänger gesucht und gefunden – doch die Strafen waren bei weitem nicht mehr Tod bringend.

Besonders Italien gilt bis heute als ein Land der Teufelsbündler. Vielleicht ist es die Nähe zum Vatikan, vielleicht auch jenes ungebrochene Verhältnis zu Volksmärchen, -glauben, und -aberglauben das in Italien zu erkennen ist, jedenfalls nahm man auch an, dass die Freimaurer ihren „satanischen" Hauptsitz in Rom hätten. Noch heute sollen tätige Hexen in Italien leben. Turin gilt als eine Hochburg des Satanismus, jene Stadt in der auch das legendäre Grabtuch Jesu aufbewahrt wird. Sind es energetische Strömungen, die solchen Hang zur Mythenbildung hervorrufen, ist es die Dichte der religiösen Energie, die auch in die gegenteilige Richtung ihre Macht zeigt?

Freimaurer und Sektierer

Als dem Teufel am nächsten stehend, betrachtete man im 19. Jahrundert die Freimaurerlogen. Deren Vorliebe für ein freiheitlich nationales Bewusstsein und demokratisches Denken konterkarierte die von der Kirche angestrebte feudale und theokratische Weltanschauung. Die Ablehnung der Freimaurer basiert auf einer langen Geschichte, in der sich immer wieder die Jesuiten als besondere Gegner hervortaten. Auch 1854 war es ein Jesuit, der gegen die Freimaurer eine Schmähschrift verfasste und sie des Satanismus anklagte. Der wohl bekannteste Freimaurerkritiker war ein gewisser Leo Taxil, der von 1886 an unablässlich Schmähschriften gegen die Freimaurer veröffentlichte. Dabei unterstützten ihn zahlreiche Kirchenvertreter bis hin zu Papst Leo XIII. Die Dämonisierung der Freimaurer machte auch vor Lügenkampagnen nicht halt. Gepaart mit einem ausgeprägten Antisemitismus ließ man der Polemik gegen die Freimaurer freien Lauf, ja man erfand sogar eine Fantasiefigur, Diana Vaughan. Demnach soll Vaughan den Palladisten, ebenfalls ein Geheimbund, angehört haben, bis sie schließlich konvertierte, denn sie habe herausgefunden, dass die Freimaurer eine „satanistische Sekte von Teufelsanbetern" sei, die Luzifer zum Gott des Lichts erklärt hätten. Zudem sollen sie Obszönitäten und Schwarze Messen zelebriert haben. Die Freimaurer, die sich gegen die Verleumdungen zur Wehr setzten, fordeten Taxil auf, Diana Vaughan öffentlich zu präsentieren. Bei Antifreimaurer-Kongressen entschuldigte Taxil ihr Nicht-

erscheinen damit, sie vor rachsüchtigen Freimaurern schützen zu wollen. Schließlich flog der ganze Schwindel auf und Taxil bedankte sich für die Unterstützung der Bischöfe. Er starb 1907. Ende des 19. Jahrhunderts glaubte man nun endgültig, dass der Teufel, jenes von der Kiche gezimmerte Sinnbild für Triebunterdrückung, tot sei. Zu rational schienen die Zeiten, die Industrialisierung war so weit fortgeschritten, dasss niemand mehr ernstlich an Hexen und Teufel zu glauben schien. Doch weit gefehlt. Gerade diese Versachlichung der Welt erzeugte eine Sucht nach Metaphysischem und Unerklärbaren. Geheime Zirkel, die den Teufel beschworen und Séancen abhielten, galten besonders in England als schick. Die Sinnsuch nach einer rational nicht begreifbaren Welt erfasste viele Menschen und brachte eigentümliche Persönlichkeiten hervor, die sich einer großer Anhängerschaft erfreuten. Sexualität, Spiritismus, ethnologisches Gedankengut und Mythen fremder Länder verschmolzen zu seltsamen Heilslehren, die eine Bewusstseinserweiterung hervorrufen sollten. An der Schwelle zum 20. Jahrhundert ging der Teufelskult in eine neue Epoche über.

Die Zeichnung zeigt einen Initiationsritus der Freimaurer. Ihre Unabhängigkeitsbestrebungen und ihre gelebte Gedankenfreiheit waren der Kiche ein Dorn im Auge, die die Freimaurer als „Synagoge des Teufels“ bezeichnete und so unverholen antisemitistisch reagierte.

Aleister Crowley

Als einer der größten Satanisten des ausgehenden 19. und 20. Jahrhunderts gilt der 1875 in England geborene Aleister Crowley. Als „Bestie persönlich" wurde er bezeichnet und war einer der berühmtesten Vertreter jener Okkultisten und Magier, die die Dekadenz des Fin de Siècle prägten.

Seltsame Praktiken und Modeokkultismus

Zum Ende des 19. Jahrhunderts wurde eine mystizistische Sekte mit dem Namen „Ordo Templis Orientis" gegründet, die sich mittelalterlichen Überlieferungen und dem Erbe der Templer verschrieben hatte. Als sich Aleister Crowley an deren Spitze setzte, hatte er bereits einen reichlich mysteriösen und bewegten Lebensweg hinter sich. Bereits als Kind überzeugt ihn seine Mutter davon, der Antichrist zu sein. Zunächst ergab er sich den Studien der Magie und des Mystizismus hin, schließlich verherrlichte er die magische Macht der Sexualität. Perversionen wie der Exkremente-Kult und sadistische Orgien, Drogenmissbrauch und Alkoholsucht wurden ihm vorgeworfen, was er nicht nur nicht abstritt, sondern sogar noch durch sinistre Geschichten und Mysterien rund um seine Person verstärkte. Neben seinen okkulten Praktiken schrieb er sein ganzes Leben lang Gedichte, malte und hinterließ eine Unzahl visionärer Werke. Seine Lehre ist eine exakte Umkehrung der christlichen Werte, eine bewusste Beleidigung frommer Erziehung. Er fühlte sich als berufene Gottheit und verlieh sich selbst den Namen Bestie 666, jenes magische Zahlentrio der Kabbala, das auch den Teufel bezeichnet. Er war Mitglied zahlreicher Geheimzirkel, unter anderem auch des Golden Dawn, jener Vereinigung, der die sagenhafte Diana Vaughan

Crowley führte Dämonenbeschwörungen durch, zu deren Durchführung er sich der Texte John Dees bediente. Als er sein Antikloster gründete, war ihm die Ordensregel aus Rabelais Roman „Gargantua und Pantagruel" Vorlage und auch sonst war Crowley ein wissbegieriger, immer nach dem Neuen suchender Mann. So sehr seine Praktiken unseriös anmuten mögen, kann man doch sagen, dass er versuchte via Dämonismus das Bewusstsein auf eine höhere Stufe zu heben. Sein Motto „... tue was du willst" sollte den Menschen befähigen, den Willen ohne Rücksicht auf Konventionen bewusst zu entwickeln, ein Anspruch den auch Friedrich Nietzsche auf philosophischem Niveau erhob.

vorgestanden haben soll. Rastlos streifte Crowley durch die Welt, gab sich exzessiven sexuellen Experimenten mit Männern und Frauen hin, experimentierte mit Halluzinogenen und versuchte auf alle nur erdenkliche Art Bewusstseinserweiterung zu betreiben. Tantrische Praktiken dienten ihm dazu ebenso wie Gewaltanwendungen, Alkohol und blutige Opferriten. Inwieweit die Überlieferungen dieser Riten der Wahrheit entsprechen ist ungeklärt, denn Crowleys schriftliche Aufzeichnungen sind zu einem großen Teil verschollen, nur wenige Werke von ihm sind heute noch verlegt. Angeblich soll er in Cefalu (Sizilien) ein Satanskloster gegründet haben, in dem er mit seinen Schülern und mit Hilfe von Drogen, Magie und Sex dämonische Erfahrungen machte. Angeblich soll er die in den Schwarzen Messen praktizierten Messriten wieder aufgenommen haben. Über nackte Jungfrauen soll er das Blut von Kindern sowie von Gegnern der Bewegung gegossen haben. Schließlich wies man ihn aus Italien aus. Er reiste nach New York und nach China. In Indien lernte er Tantra, Yoga und okkulte Praktiken des Orients kennen. Er unternahm auch Besteigungen im Himalaya, vermutlich, um in der immer dünner werdenden Luft Sinneserweiterungen zu erfahren. Schließlich starb Crowley 1947 in England vom Wahnsinn und Drogenmissbrauch umnachtet. Ein Orden, der seinen Hauptsitz in der Schweiz hat, übernahm sein geistiges Erbe. Crowley ist heute in der Öffentlichkeit so gut wie vergessen, doch nachweislich haben seine Lehren eine Vielzahl von satanischen Sekten hervorgebracht, die auch heute noch wirken, wie die „Church of the Final Judgement“, jene Organisation, die schließlich auch den irrsinnigen Satanisten Charles Manson beeinflusste, der das Massaker an Sharon Tate, der Frau Roman Pollanskis, und deren Freunden verübte.

Aleister Crowley erregte nicht nur durch seinen exzentrischen Lebenswandel und seine spirituellen Ansichten Aufsehen, sondern auch durch seine exotischen Gewänder.

Spiritisten – die neuen Teufelsanbeter?

Als Anfang des 19. Jahrhunderts der Hexenwahn abgeebbt war und die Vertreter aufgeklärter Gedanken den Teufelsglauben für überholt hielten, lebte eine neue Form des Okkultismus auf. Vielleicht war es eine Gegenbewegung zur zunehmenden Industrialisierung und Rationalsierung, vielleicht ist aber der Hang zum Transzendeten etwas zutiefst menschliches, um Unerklärliches erklärbar zu machen. Der Spiritismus kam auf und mit ihm wurde die Geisterbeschwörung salonfähig.

Von 1902 bis 1913 ist Rudolf Steiner der Generalsekretär der deutschen Theosophischen Gesellschaft. Da dort der Satan nie eine tragende Rolle gespielt hat, obwohl er nach Blavatsky eine theosophische Hauptperson ist, macht erst Steiner ihn zu einem Protagonisten, indem er bis 1908 die Zeitschrift „Luzifer-Gnosis" herausgibt. Als Steiner es ablehnt, einen indischen Knaben als wiedergekommenen Christus zu akzeptieren, wird er aus der Theosophischen Gesellschaft ausgeschlossen. Er gründet 1913 die Anthroposphische Gesellschaft – eine Vereinigung zur Erlangung von „Erkenntnissen höherer Welten", mit Jesus als der „Hohe Sonnegeist". Steiner teilt den Erdenzustand in sieben Zeitalter: In die dritte, die Lemurische, fällt das Luziferereignis: demnach ist Luzifer positive und negative Kraft. Rudolf Steiners Anthroposphie ist eine der einflussreichsten Bewegungen der Moderne, und brachte schließlich auch die Waldorfschulen hervor.

Dämonen, Geister, feinstoffliche Wesen

Das Jahr 1848 gilt als Beginn einer weltweiten Okkultwelle, die einhergeht mit der Veröffentlichung zahlreicher Werke zur Denunzierung jeglichen Dämonenglaubens wie Feuerbachs „Das Wesen des Christentums" und das „Kommunistische Manifest" von Karl Marx. Die Okkultwelle ging von Amerika aus – wahrscheinlich hatte dort der von den Sklaven importierte Voodoo- und Dämonenkult, vermischt mit Resten des Hexenwahns, zu einer neuen Form der Dämonengläubigkeit geführt. Schließlich griff diese Erscheinung auch auf Europa über und fand in allen Großstädten regen Zustrom. Ziel war es, mittels Beschwörung oder durch ein Medium, Kontakt mit Geistern und Verstorbenen aufzunehmen. Stühlerücken, Séancen und Experimente mit medial begabten Menschen waren Mittelpunkt der Abendgesellschaften. Auch der von Mesmer begründete tierische Magnetismus wurde zur Geisterbeschwörung eingesetzt. Besonders tat sich der Franzose Alen Kardec hervor. Er systematisierte den Geisterglauben, 1858 gründete er die Spiritistische Gesellschaft, 1859 veröffentlichte er das „Buch der Geister", das als Grundlage des Spiritismus gilt. Es beschäftigte sich mit der Metamorphose grobstofflicher Materie in feinstoffliche und der Befreiung des Geistes im Jenseits. Vor diesem spiritistischen Hintergrund gründete Helena Petrova Blavatsky (1831–1891) die „Theosophische Gesellschaft". In ihrem Hauptwerk, der „Geheimlehre", vereint sie hinduistisches, buddhistisches und gnostisches Gedankengut mit spiritistischem. Die Theosophie glaubt, eine höhere Gottesschau zu erreichen. Bereits als Kind wurde die in der Ukraine geborenen Blavatsky, die mit Mädchennamen Hahn von Rottenstern hieß, mehrfach exorziert, weil in ihrer Gegenwart Feuer ausbrachen und ihre Eltern sie für vom Teufel besessen hielten. Kurz nach ihrer Verheiratung mit Nikofor Blavatsky floh sie nach Ägypten, wo sie sich unter dem Einfluss von Haschisch als Wiedergeburt der Isis sah. Auch sie eilte, wie Crowley, rastlos durch die Welt, hatte mit ihrem Liebhaber einen behinderten Sohn, der bereits mit fünf Jahren starb. Wild vor Trauer stürzte sich die Blavatsky in den italienischen Freiheitskampf und wurde verwundet. Als sie mit ihrem Geliebten nach Ägypten reiste, explodierte das Schiff und von 400 Passagieren überlebte sie mit 17 anderen. In Kairo wurde sie zum Zentrum eines spiritistischen Zirkels, der Geisterkontakte hatte. Mit ihrem neuen Liebhaber, einem Anwalt, gründete sie in New York die Theosophische Gesellschaft, deren Aufgaben die Blavatsky so bezeichnete: „Bildung einer überkonfessionellen universellen Brüderschaft, Studium des Okkultismus und der östlichen Weltsicht. Alle Religionen sind gleich und die Theosophie ist eine Mischung aus allen". In ihrer „Geheimlehre" entwickelte sie auch eine neue Satanssicht: Satan sei der kosmische Wiederschein Gottes, Satan und der Logos sind eins. Sie berief sich dabei auf den französischen Satans-Gnostiker Eliphas Lévi, der den Teufel für eine schöpferische Kraft hielt, die nur Ausgewählten zuteil wird. Die magische Frau starb mit nur 60 Jahren in London an einer Grippe.

Madame Blavatsky, hier mit ihrem Lebensgefährten in ihrer New Yorker Zeit, war stark medial begabt und zog somit förmlich Unglücksfälle an.

Teufelskünste, Kunst und Teufel

Der Teufel war nicht nur zentrales Thema der christlichen Religion, sondern auch Lieblingsthema der Künstler, denn Kirche und Staat waren schließlich die Hauptauftraggeber für sie. Da der Teufel so vielgestaltig war, das Thema Hölle und Jüngstes Gericht so bilderreich und ergiebig, ist die Liste der Werke, die den Teufel zum Mittelpunkt haben, endlos. Doch auch in heutiger Zeit erfreut sich der Satan größter Beliebtheit: jedes Jahr erscheint ein neuer Film mit ihm als Hauptperson und die zeitgenössische Musikszene huldigt ihm. Der Teufel lebt, zumindest in der Kunst.

Teufelsliteratur des Mittelalters und Barocks

Die Liebe zu dem diabolischen Stoff ist in der Literatur bis heute ungebrochen. Seit im Mittelalter die christliche Kirche das Teufelsbild geformt hat, tauchte der Satan in allen Epochen literarisch auf. Abhängig vom Zeitgeist, aber immer geprägt durch die christliche Hypothek, wechselt er die Postionen, die Sprache und sein Aussehen.

Der Teufel entführt eine nackte Frau – die Taten des Teufels waren häufig von sexuellen Phantasien geprägt, die auch in die Schwankliteratur eingingen.

Armer Teufel, gefallener Teufel

Durch die Aufzeichnungen der Hexenprozesse und durch den Hexenhammer wurde im Mittelalter dem Teufel ein Erscheinungsbild zugeteilt, das an Schrecklichkeit kaum mehr zu überbieten war und das, obwohl der mittelalterliche Alltag geprägt war von Kriegen, Hungersnöten, Epidemien, Wetterkatastrophen und der kirchlichen Ketzerverfolgung. Vielleicht ist deshalb auch begreiflicher, dass gerade damals der literarische Teufel ein geprellter, ein armer Teufel war. Die Exempel- und Schwankliteratur nimmt den Teufel auf die Schippe und kompensiert so vielleicht die immense Angst der Menschen. Diese Veräppelung des Teufels macht auch nicht vor den

Messen halt. So glaubte man, dass während des Gottesdienstes unzählige Teufel in die Predigt des Pfarrers hineinbrabbeln würden, unverständliches Zeug, das als krakelige Buchstaben geschrieben auf den zahlreichen mittelalterlichen Bildern, die diese Szene festhalten, erscheint und die dem Sprichwort „das geht auf keine Kuhhaut“ zu Grunde liegt. 1482 schrieb der Erzbischof von Florenz unter dem Pseudonym Giacomo de Ancharno einen Roman, in dem Jesus selbst auf der Anklagebank sitzt, als Störer des höllischen Alltags. Ein geradezu groteskes Szenario wird in diesem Werk heraufbeschwört, wenn Jesus mit dem Teufel Schabernack treibt, indem er die Verdammten aus der Hölle befreit und den Teufel ankettet. Vor dem Richter Bélial lässt sich Jesus Unschuld nicht beweisen, obwohl er namhafte Verteidiger hat: Moses, Esau, Abraham und sogar Johannes den Täufer. Schließlich gelingt es Jesus sich der Verurteilung zu entziehen. Auch der italienische Schriftsteller Niccolo Machiavelli (1489–1512), der sich in der Hauptsache durch politische Schriften einen Namen gemacht hatte, ließ in seinem Werk „La Favola“ den getäuschten, den armen Teufel auftreten. Auch die Buhlschaft wird karrikiert. Erst mit Christopher Marlowes Faust-Tragödie, die 1608 in Deutschland das erstemal aufgeführt wurde, bekommt der Teufel ein seriöses, wenngleich tragisches Gewand. In Marlowes Tragödie ist das Verhältnis von Faust und Teufel symbiotisch und Faust, der sich durch den Pakt mit dem Teufel für unbesiegbar hält, ist überheblich, er will zu hoch hinaus, am Ende stürzen beide in die Hölle.

Eine andere Schmähfigur ist der hinkende Teufel. Luis Velez de Guevara (1579–1644) lässt ihn erstmals auftreten. Er ist eine bemitleidenswerte Figur, physisch, aber ein lustbetonter Lebenskünstler, der den Menschen das Lachen und Tanzen beibringt. Der Hinke-Teufel wird 1707 von Renée Le Sage wiederentdeckt, auch bei ihm ist er ein schalkig-bösartiger Verführer. Mit der Faustischen Inkarnation bei Lessing und Goethe wird der Teufel schließlich zum Spiegel des Menschen, Faust wird zum Prototyp des kreativen Verführbaren und ebenfalls mit teuflischen Zügen ausgestattet. Gottfried Lessing, als Vorbote der Aufklärung, befasst sich noch vor Goethe mit den Fauststoff und lässt hier bereits, anders als bei Marlowe, Faust als strebendes Wesen nicht mit dem Teufel untergehen.

Hexen bereiten einen Trank aus Säuglingsfett – den Fantasien waren keine Grenzen gesetzt, wenn es darum ging Teufelswerk zu untermauern, oftmals wurde dann Aberglaube in der Literatur ins Lächerliche verkehrt.

Der Teufel der Aufklärung und der Romantik

Der Mephisto des Goetheschen Faust erschien in Menschengestalt, lediglich diabolische Gesichtszüge verrieten das Abgründige des schlauen Seelenverkäufers.

Die Aufklärung schafft endlich ein Teufelsbild, das visionär und emanzipiert ist. Goethe hat mit seinem Urfaust, Faust I und Faust II dem Teufel einen Quantensprung ermöglicht.

Die Kraft, die schafft

Goethe hat vermutlich Marlowes Faust als Marionettenspiel bereits als Kind kennengelernt. Früh reifte der Wunsch, Faust zu bearbeiten, noch nicht einmal 30-jährig bringt er den Urfaust 1775 zu Ende. Er wird sich später von diesem noch gar nicht erwachsenen Faust distanzieren und ein Leben lang an Faust I und II arbeiten. Zwar erscheint der Mephisto auch hier schalkhaft, doch ermöglicht er dem suchenden Faust auch Bewusstseinserweiterungen in nie gekanntem Maße. Ganz im Sinn der Aufklärung ist Faust ein nach Wissen dürstender – die Mittel sind ihm egal, weshalb er sich auf den Seelenhandel mit Mephisto einlässt. Doch beide sind sich ebenbürtig, Mephisto ist gescheit und Faust ist teuflisch genug, um an vielen Lustbarkeiten und auch Grausamkeiten Gefallen zu finden. Im Vordergrund steht die Erweiterung der Erfahrung, schließlich wird am Ende Faust errettet und bestätigt somit die Macht des Wissens. Mephisto ist aber das ganze Werk hindurch kein unsympathischer – er ist eher ein Weltenbummler zwischen allen Ebenen des Seins und seine Triebhaftigkeit schafft auch wieder Kenntnis, die Faust für sich nutzt. Jaques Cazottes „Verliebte Teufel“ (1772), ein Werk das noch vor dem Urfaust erscheint, setzt Nonkonformismus mit dem Teufel gleich und sagt deutlich „Teufel ist gleich Libido“. Für so viel Freigeisterei war allerding die Welt noch nicht reif und Cazotte landete wegen magischem Antikonformismus auf der Guillotine. Als Anfang des 19. Jahrhundert die Romantik entstand, war eines ihrer zentralsten Merkmale die Verherrlichung des Mittelalters und ließ damit die Dualität des Göttlich/Satanischen wieder aufleben. Somit tritt auch wieder ein neuer Teufel auf den Plan. Er ist zwar nicht mehr tierisch von Gestalt, aber in Gestalt von Priestern, Vampiren und Gespenstern. Die Form des fantastischen Realismus entsteht. Die Romantik ist es auch, die lange vergessene Märchen wieder aufnimmt. Grimm und Andersen schaffen großartige Märchensammlungen und erforschen das immense Gebiet der Volkssagen. Mittelalterliches Wissen wird aufgefrischt und erscheint verklärt im neuen Gewand, auch der Teufel. Viele Dichter setzen ihm ein Denkmal: E.T.A. Hofmann mit „Die Elexiere des Teufels“ (1813), Adalbert von Chamisso mit „Peter Schlehmils wundersame Geschichte“ (1813). Als sich schließlich 1848 in Paris einige junge Leute zu einem Zirkel zusammenschließen, der am Sonntag Satanskult betreibt, entsteht ein völlig neuer Literaturteufel. Charles Baudelaire, der diesem Zirkel nahe stand, stellte den Teufel über Gott, denn er hat, obwohl verraten und gestürzt, seine Würde nie verloren. Dieser Lust am Bösen, Seltsamen, Verruchten, als Gegenstück zum Lichten, Guten huldigt Baudelaire in seiner „Litanies de Satan“ aus den „Fleurs du mal“.

Monster erscheinen im Astralnebel einer Hexe – romantisch verklärt wurde die Welt der Dämonen schließlich in der Romantik.

Ein ebenfalls dem französischen Satanismus zuzuordnender Dichter war Comte de Lautréamont (1847–1870), der eine surrealistische Satansvision schrieb. Victor Hugo (1802–1885) hat sich zeitweilig intensiv mit dem Satan auseinander gesetzt. Von seinem jüdischen Freund in der Kabbala unterwiesen, hat er ein hochromantisches Gedicht über den Teufel verfasst. Schließlich schaffen Dostojewsky in den „Brüdern Karamasow“ und Tolstoi einen Teufel, der als Idee existiert, längst hat da der Teufel Bocksfuß und Hörner abgelegt und erscheint als abgründige Menschenseele. Der Teufel wird Brückenfigur zur Psychologie und lässt auch die Dichter des 20. Jahrhunderts nicht los.

Der moderne Satan ist subtil und nicht auf den ersten Blick zu erkennen. So tritt er in David Selzers Roman „Verkündigung“ in Form eines Babys auf, das in der Klinik vertauscht wurde. Statt ihres eigenen Kindes tragen die zunächst glücklichen Eltern Satans Sohn nach Hause. Was sich hinter dessen engelhafter Miene aber alles verbirgt, offenbart dieses Kind erst im Heranwachsen. Der Ausdruck „Teufelsbraten“ der bei vielen Kindern oft zur Anwendung kommt, kann hier durchaus wörtlich genommen werden.

Der Teufel in Romanen heute

An der Schwelle zum 20. Jahrhundert entmaterialisiert sich der Teufel, doch gerade in dieser unsichtbaren Form ist er präsenter denn je. In England entsteht die Kriminalliteratur und die ersten Vampirbücher werden geschrieben. Esoterisches Wissen wird verarbeitet, Fantasy- und Geisterliteratur sorgen dafür, dass der Teufel in anderen Formen weiterlebt.

Teufel der modernen Zeiten

Ab den 30er Jahren des letzten Jahrhunderts kommt es zu einer Renaissance der Teufelsliteratur, er wird zur politischen Figur. Die Frage nach der Realität des Bösen beschäftigt nach wie vor die Gemüter, denn Weltkriege und Diktaturen sind dazu Anlass genug. Michael Bulgakow schreibt 1938–40 den Roman „Der Meister und Margarita“ – eine Satire auf die kommunistischen Verhältnisse. Darin kommt der Teufel nach Moskau, um dort Korruption und Unterdrückung zu bestrafen und um ein Liebespaar wieder zu vereinen. Er wird also zum Verteidiger der Unterdrückten, ein Robin Hood der Unterwelt, die an Grausamkeit von der irdischen Welt übertroffen wird.

Nach dem Zweiten Weltkrieg nimmt die Teufelskultur in der Literatur noch zu. Das Naziregime wird zum Symbol für die Hölle, wenn in Carl Zuckmeiers Roman „Des Teufels General“ der Fliegerkommandant Harras einen Pakt mit den Machthabern schließt, ohne Rücksicht auf sein Gewissen und seine humanitäre Verantwortung. Er begeht am Schluss Selbstmord. In Hitlers Minister Goebbels, der stark hinkte und verwachsen war, scheint der Satan nicht nur ein physisches Ebenbild gefunden zu haben. Thomas Mann

schafft 1947 den „Dr. Faustus". Herrmann Hesse veröffentlicht in den 50er Jahren seinen großen Roman „Der Steppenwolf", die Geschichte eines unangepassten Einzelgängers mit Sehnsucht nach Normalität. Wissend, dass er niemals so sein wird, macht er unter Drogen Höllenerfahrungen. Nach einer Zeit ohne große literarische Teufelsneuschöpfungen erscheint 1967 Ira Levins Roman „Rosemary's Baby". Eine grausame Besessenheitsgeschichte.
Powerflower, Rauschgift und die neu entstandene Popkultur sowie der Beginn der Esoterikwelle bringen eine Renaissance der alten Mythen, ethnischer Strömungen, wiederbelebter Spiritualität. Gruppenerfahrungen, Bewusstseinserfahrung, sexuelle Freizügigkeit und ein Aufbegehren gegen den Imperialismus fördern die Beschäftigung mit dem Teuflischen und der Satan wird das Symbol für Grenzerfahrungen. 1971 erscheint William Peter Blattrys „Exorzist", und genauso wie „Rosemarys Baby" ist auch er die Vorlage zu einem überaus erfolgreichen Film. 1978 schreibt Stephen King „The Shadow of the Scorpion". Dann wird es um den Teufel stiller in der Literatur – er hat ein neues Medium gefunden: den Film. Kein Jahr, ohne dass nicht ein Film mit einem Beelzebub, Mephisto oder Satan in der Hauptrolle erscheint. Mal grausam, mal humorvoll, als Satire oder als psychologisches Stück. Er wird zur Kultfigur.

Links: 1936 wurde diese Aufnahme gemacht, die eine Geisterscheinung auf der Treppe festhielt. Oben: Spritistische Sitzungen waren um die Jahrhundertwende absolut salonfähig, durch Hysterie fielen sogar manche in Ohnmacht.

Teufelstheater, Bühnenteufel

Im Laufe der Zeit erlebte auch der Bühnenteufel eine wechselvolle Geschichte. Einerseits war er Schalk- und Komödienfigur, andererseits wurde er zum Ausdruck triebhafter Genialität. Dank seiner pittoresken Wandlungsfähigkeit hat auch die Oper ihn schon früh für sich entdeckt.

Wahnsinniger, Schelm und Sexsymbol

Im 12. Jahrhundert, als der Teufels- und Hexenwahn schon loderte, hatte auch der Teufel einen festen Platz auf der Bühne. Er erschien in den sakralen Dramen als Bekämpfer des Guten, als Widersacher Gottes, Verführer Adams und als Antichrist. Die Engel hatten alle Hände voll zu tun, den Bösewicht zu bremsen, was ihnen immer gelang. Somit geriet der Teufel zur komischen Figur – verprügelt und vertrieben und immer dümmer als der Mensch. Bis zum 15. Jahrhundert diente der Teufel mit seinen Helferchen der Volksbelustigung und konnte in allen schaupielerischen Facetten ausgelebt werden. Er war Kompensation von Angst und Entschuldigung für Unglück in einem. Die Menschen konnten im Theater ihrer Schadenfreude Ausdruck verleihen, wenn ihr Peiniger besiegt wurde. In der Renaissance verstärkte sich dieses Phänomen: es entstand die Commedia dell' arte. In ihr finden sich nun profane Themen, der Teufel tritt als komische Figur, als Narr in den Hintergrund. Erst mit Christopher Marlowes

Im allemanischen Fastnachtstreiben oder in Volksfesten zu Ehren von Heiligen, besonders in Italien, treten immer wieder Teufelsfiguren aus den Schalkstücken des Mittelalters auf.

„Faust“ erfährt der Teufel seine „Ernstwerdung“. In menschlicher Gestalt wird er zum wahren Star des Theaters mit der Möglichkeit alle Rollen zwischen komisch, genial und widerwärtig abzudecken. Er nennt sich nun auch anders: Mephistopheles und wird zur Hauptfigur des deutschen Marionettentheaters, das auch Goethe früh beeinflusst hat. In seinem dramatichen Gedicht „Faust“ wird er zu einer der zentralsten Figuren der Weltliteratur und Synonym für den unangepassten, nonkonformistischen Geist. Seine wirkliche Berufung aber findet der Kunstteufel in der Oper. Er wird wichtiger als Faust selbst und kommt schließlich in der romantischen Oper ganz ohne ihn aus. Die Romantik, jene Zeit der Verherrlichung des Mittelalters, beschäftigt sich übergebührend mit Mephisto. So finden sich in Carl Maria von Webers „Freischütz“ (1821) zahllose Hinweise auf mittelalterliche Legenden und Volksgut, die den teuflischen Brauch des „Probeschusses – den drei Kugeln des Teufels“ belegen, auf dem diese Oper basiert. Die Oper wurde bereits drei Jahre nach ihrer Uraufführung an neun Theatern Londons gleichzeitig gespielt. Charles Gounods Oper „Faust“ (1859) wurde von farbigen Szenen und schwungvoller Musik getragen, mit der Tiefgründigkeit von Goethes Faust hatte diese musikalische Umsetzung nichts mehr zu tun. Bereits 1816 hatte Louis Spohr eine „Faust“-Oper geschrieben, 30 Jahre später wurde Hector Berlioz’ Oper „Fausts Verdammnis“ uraufgeführt. Dazwischen erschien Giacomo Meyerbeers „Robert der Teufel“ (1831) und das Ballett „Faust“ von Adolphe Adam (1833). Im März 1868 hatte Arrigo Boitos Oper „Mefistofele“ in Mailand Uraufführung. In einer neuen Welle der Diabolie, die zu Beginn des 20. Jahrhunderts stattfand, schrieb Modest Mussorgsky den „Jahrmarkt von Sorochinzy“ nach einer Novelle von Gogol und wenig später 1925, erlebte Busonis „Dottore Faust“ seine Uraufführung in Dresden. Sergei Prokofjev komponierte die Oper „Der feurige Engel“ 1937 – sein Interesse galt zeitlebens der Mystik, der Inquisition und der Hexenverfolgung. Viele der vorhergehenden Teufelskomponisten hatten sich auch mit mittelalterlicher Mystik, geistiger Musik und Volksmärchen befasst. Die Oper schien das ideale Betätigungsfeld für den Teufel – denn er konnte szenisch optimal eingesetzt werden und gerade das 19. Jahrhundert war die Dekade der Oper – sie war künstlerisches Ausdrucksmittel Nr. 1.

*Den Opern des Barock diente der Teufel als Narr und dramaturgisches Mittel, die Handlung zu beleben. Doch weniger der faustische Teufel war hier zu finden als eine Dämonenwelt der Antike. In Henry Purcells „Die Feenkönigin“ oder „King Arthur“ erscheint der Teufel in vielen Gestalten: als Cupido, Engel, Waldgeist oder als „Täuschung“, die den Menschen sekkiert. Neben den genannten Komponisten haben im Teufelsgenre noch Smetana und Dvorak Opern geschaffen. Im 20. Jahrhundert bekommt der Pakt mit dem Teufel auch in der Oper eine neue Seite. Douglas Moore (1893–1969) hat in „Der Teufel und Daniel Webster“ ein modernes Politmärchen komponiert, Krzysztof Penderecki (*1933) wiederbelebte das Schickals des Priesters Urbain Grandier, der mit seinem Sexappeal im Jahre 1634 zahlreiche Frauen, darunter sämtliche Nonnen des Kloster Loudon zur sexuellen Hysterie gebracht haben soll und hingerichtet wurde, in seiner Oper „Der Teufel von Loudon“.*

Der Teufel als Musiker

Neben der Musik findet sich der Teufel in häufig wechselnder Form auch in den Märchen wieder. Als die Gebrüder Grimm und Hans Christian Andersen zu Beginn des 19. Jahrhunderts umfangreiche Bearbeitungen der alten Volksmärchen und Sagen herausbrachten, fanden sich darunter auch einige, die den Teufel zum Inhalt hatten. Allen Teufelsmärchen ist etwas gemeinsam: immer tritt hier der Teufel als Handelspartner des Menschen auf. In dem Beispiel „Des Teufels rußiger Bruder" lässt sich ein Soldat darauf ein, dem Teufel sieben Jahre zu dienen. Als er dies erfüllt, schenkt ihm der Teufel Gold und hilft ihm auch weiter aus misslichen Situationen. Im „Teufel mit den drei goldenen Haaren" gibt der Teufel die Antworten auf ein Räsel, das zu Reichtum führt. Im „Bauer und der Teufel" überlistet ein schlaues Bäuerlein den Teufel und erhält so den Schatz.

Nicht nur in der Oper schien der Teufel seine wahre Darstellungsform gefunden zu haben, sondern in der Musik überhaupt. Betrachtet man die Mythen rund um den Teufel und die Musikgeschichte der letzten 500 Jahre drängt sich einem der Eindruck auf, dass Musik an sich „teuflisch" ist.

Diabolus in musica

In der mittelalterlichen Musik konnte der Teufel nicht bildlich auftreten, so wurde ihm ein Akkord zugeordnet: der so genannte Triton, das Intervall zwischen f und h. Bis weit in die Neuzeit hinein hielt sich der Respekt der Komponisten vor der großen Quart und ein Wortspiel mit den italienischen Bezeichnungen der beiden Töne „si"(h) und „fa"(f) animierte die Traktateschreiber zu einem Reim: „Si contra fa est diabolus in musica" (h gegen f ist der Teufel in der Musik). Das Intervall wurde aus der liturgischen Musik verbannt, was oftmals zu Lasten des Wohlklangs in den Gregorianischen Gesängen, der Musikform des Mittelalters, ging. Schließlich erschienen als nächste Möglichkeit, den Teufel musikalisch zu erwähnen, die Karnevalslieder. Prächtig waren die Aufführungen des Florentiner Karnevals und Alessandro Coppini komponierte „il trionfo dei diavoli". Aus dem Karnevalslied ging das Madrigal hervor und auch hier gab es zahlreiche Teufelslieder. Zu einem, dem „Canto de'diavoli" schrieb Machivelli den Text. Als schließlich der spätere Papst Clemens IX. 1632 ein Libretto zu der Oper „Sant'Alessio" schrieb, um den Teufel vorzustellen, der ununterbrochen Heilige versuchen möchte, wurde eine Gattung geboren, die bis heute Tradition hat. Der komische Heilige, der dem Teufel mit Humor widersteht. In den Abruzzen wird bis heute Anfang Januar ein Fest zu Ehren des Heiligen Antonio aufgeführt, wo in Rollenspielen der Teufel vorgeführt wird. Es entstanden Oratorien und Kantaten mit dem Namen „Luzifero". Alessandro Scarlatti komponierte „Der Erzengel Michael und der Teufel". Im Laufe der Zeit bekam der Teufel auch sein Lieblingsinstru-

ment: die Geige, jenes Instrument der Individualität. Manifestiert hat sich die Teufelsgeige in der Aufklärung als Guiseppe Tartini die Vision des „Teufelstrillers" hatte. 1713 träumte Tartini, der sich gerade als Gast im Konvent von Assisi aufhielt, dass er einen Pakt mit dem Teufel geschlossen hätte, mit seiner Seele als Preis. Der neue Diener erwies sich als sehr hilfsbereit, schließlich gab ihm Tartini die Violine in die Hand, um zu sehen, ob der Teufel ihr schöne Stücke entlocken könne und er spielte so herrliche Musik, dass Tartini aufwachte. Er griff rasch selbst zur Geige, versuchte das Gehörte festzuhalten und komponierte sein bestes Stück – die „Teufelssonate". Doch an das teuflische Original wollte sie nicht heranreichen. Schließlich fand er einen Dritt-Ton, einem nur auf der Violine erzeugbaren Akkord nicht allzuweit auseinander liegender Töne. Ganz in seiner Tradition wurde ein Jahrhundert später Paganini der Inbegriff des Teufelsgeigers. Nicht nur seine Kompositionen wie „Le streghe" (die Hexe), auch sein Spielvermögen müssen geradezu teuflisch gut und schnell gewesen sein.
Johann Sebastian Bach bezeugt in seiner Kunst der Fuge die Existenz des Teufels, denn die fugentypische Motivwiederholung gilt als teuflisch. In ihr tritt der Kampf des Menschen gegen den Teufel symbolisch in der kontrapunktischen Themenführung auf. Mussorgsky wird in seiner „Nacht auf dem Monte Calvo" (1867) eine Wiederholung von Crescendi einbauen – das Stück gilt als eines der satanischsten überhaupt. Diese satanische Wiederkehrung des Leitmotivs findet sich auch im „Mephisto-Walzer" (1880) und der „Mephisto-Polka" (1883) von Franz List, der sich zu satanischer Wildheit hingezogen fühlte. Igor Stravinsky wird in der „Geschichte vom Soldaten" (1918) einen geigenden Teufel präsentieren. Der Teufel lebt in der Musik bis heute – denn die Rockmusik hat den Teufel neu für sich entdeckt und damit einen Stil geprägt.

Paganini gilt als Inbegriff des „Teufelsgeigers". Zum einen war die Geige das Instrument des Teufels, zum anderen muss Paganini solch ein virtuoser Meister seines Fachs gewesen sein, dass er lange Zeit der einzige war, der seine eigenen hochakrobatischen Violinkompositionen spielen konnte.

Der Teufel in der bildenden Kunst

Mit der religiösen Interpretation des Teufels änderte sich auch sein Erscheinen in der bildlichen und architektonischen Kunst. Auch hier lassen sich Epochen reicher Teufelsdarstellungen, regional verschieden, festmachen.

In modernen Illustrationen gerät das Lüsterne des Teufels häufig zur Komödie – seine schwarze Figur ist immer wieder eine beliebtes grafisches Element.

Vom Engel zum Monster, vom Sexsymbol zur Karrikatur

Im Urchristentum, als noch die Meinung herrschte, dass der Teufel „nur“ ein gefallener Engel sei, wurde er auch häufig als düsterer, aus dem Himmel stürzenden Engel dargestellt. Noch bleibt er von den Gotteshäusern ausgeschlossen, mit wenigen Ausnahmen wie in dem Mosaik von Ravenna, wo er als Löwe dargestellt ist. In den Kathedralen, den Glasfenstern, den Teppichen und Buchmalereien der Romanik (950–1250) erscheint der Teufel als Wahn, als tragische Irrealität, er wirkt in keiner Weise lächerlich. Schon bald formte sich aber jenes bocksfüßige, Geißbart tragende, geflügelte Mischwesen aus halb Mensch halb Tier, das seine Vorbilder in den griechischen Satyren hat. Die Holzschnitte des Mittelalters belegen dies und nicht nur sie. In der Gotik, jener so abgeschlossenen Epoche, die die Romanik ablöste, wird der Kathedralenstil in Frankreich und England geformt. Hatte man sich bislang gescheut, den Teufel in den Kirchen abzubilden, wird sich dies nun ändern. Der Teufel wird zum Ungeheuer, zur Schlange, zum Drachen, Furcht erregend, irr-

witzig, groteske und bizarr, wie jene Portalfiguren der Gotik zeigen, die so typisch für die Epoche sind. Teufel schreien nun von den Giebeln, Zinnen, Kapitellen, ranken sich in Reliefs und über Torbögen und winden sich um die Füße der menschlichen Skulpturen. Wasserspeier, Eckdämonen und fratzentragende Monster blicken auf die vor Ehrfurcht erstarrenden Menschen, die an den Fassaden von Notre Dame, Chartre, Glastonbury und Reims emporblicken. Die Gotik weiß den Teufel darzustellen und tut es ungehemmt. Der Teufel gerät nun immer mehr zum lächerlichen Untier. Als die Renaissance die Gotik ablöst, tritt der Teufel gehäuft in der Malerei auf, wohl am meisten bei Hieronymus Bosch, jenem frühen Meister surrealer Malerei. In seinen Bildern der Hölle, des Gartens der Lüste beschreibt er einen orgiastischen, sexbeseeltenen Teufel, eingerahmt von Sexsymbolen wie Erdbeeren, als einen Tiermenschen mit lüstern gespreizten Beinen. Die Sünde ist der Inbegriff des Teuflischen auch bei Breughel, der in der Apokalypse die Perversionen in Teufelsgestalt zeigt. Mit Zunahme weltlicher Themen verkommt der Teufel schließlich im Barock zu einer lächerlichen Figur, oder zu einem antikisierten Satyrchen, das vielmehr bacchantisches Irrlicht, denn Antichrist ist. Die Aufklärung sieht in der Kunst den Teufel kaum noch vor, außer in den Faustdarstellungen. Eugène Delacroix gilt als einer der größten Faustinterpreten des 19. Jahrhunderts und es ist mittlerweile ein sehr menschlicher Teufel aus dem ehemals fratzenhaften Hybridwesen geworden. Im 20. Jahrundert widmen vor allem Beckmann, Barlach und Dali dem Mephisto zahlreiche Werke, allerdings immer mit der Betonung auf der Faszination des Bösen. Die zeitgenössische Kunst hat einen Zweig, der sich intensiv mit der Figur des Satans auseinander setzt. Es ist nicht die Kunst der arrivierten Galerien und Museen, es ist die Comic-Illustration. Beeinflusst von Rockmusik und zeitgeistigen Strömungen findet sich in ihr eine futuristische und Gewalt verherrlichende Satansfigur, die mit den Erscheinungen in der Musikszene korrespondiert.

Der Teufel Asmodi als Wasserspeier an der Kathedrale von Rennes.

Die Teufel der Rockmusik

Als in den 60er Jahren durch den Erfolg der Beatles eine völlig neue Musikkultur erwächst, während die politischen Revolten der Studenten und das Entstehen der Power-Flower-Generation in Kalifornien eine neue Spiritualität heraufbeschwören und somit auch Satanisches wieder ins Bewusstsein rückt, entsteht eine neue Form der schon immer vom Teufel beseelten Musik.

Die Faszination des Todes, Friedhofsgrusel und Vampirelemente sind immer wieder Mittel der Rockmusik. Nicht nur die Heavy Metall Vertreter haben sich der Horrorelement bedient, auch Musikvideos anderer Richtungen wie z. B. das weltweit erfolgreichste Video von Michel Jackson „Thriller" lebt durch diese Faszination. Auch auf der Bühne erleben die jubelnden Fans immer wieder satanistische Aktionen wie bei Lou Reed, dem es gelang, auf der Bühne ein „Theater der Grausamkeit" einzurichten. Morbidität, Todessehnsucht, Extase- und Grenzerfahrungen, „Liebe bis in den Tod" sind Elemente, die untrennbar mit der Rockmusik verbunden sind.

To have the Blue Devils

Es haben wohl mehrere Faktoren dazu beigetragen, dass eine neue Satansbewegung entstehen konnte. Zunächst gab es den Blues, jene von den Schwarzen Amerikas geprägte Musikform. Mit dem Satz „To have the Blue Devils" bezeichneten sie den depressiven, melancholischen Gemütszustand, in den sie durch Diskriminierung und Ausgrenzung gekommen waren. Unterstützt durch afroamerikanische Elemente schufen sie sich eine Musikform, in der sie den Satan anriefen, um ihn für das erlittene Elend verantwortlich zu machen. Auf der anderen Seite grenzte sich der Blues auch gegen die Moralität der Methodistenkirchen ab und das Höllische wurde zur Möglichkeit auszubrechen. Satan war Schuldiger und Fluchtmöglichkeit in einem. Große Blueskünstler haben sich des Paktes mit dem Teufel gerühmt wie Robert Johnson. Der neue Satanismus, Blues wurde auch als Devil's Musik bezeichnet, charakterisierte sich wie ehedem durch Identifikation des Bösen mit Sex und gleichzeitigem Loslösen vorgeformter Normen. Die Beatles hatten sich bereits etabliert, als zum Ende der 60er Jahre Mick Jagger und die Rolling Stones mit ihrem Song „Sympathy for the devil" ins Gerede kamen. Zeitgleich startete in Birmingham eine Gruppe ihre Tournee und hatte durchschlagenden Erfolg mit ausschließlich satanischen Texten und einem neuen Rocktypus: Heavy Metall wurde durch die Gruppe Black Sabbath berühmt und berüchtigt. Ihr Leadsänger Ozzy Osborne brachte Aleister Crowley zu neuen Ehren, in dem der Song „Mr. Crowley" zur bis dahin meistverkauften Platte der Welt wurde. Das

Plattencover der ersten LP zierte die Ziffernkombination „666“ dem Zeichen für den Antichrist. Auf der Welle des Heavy Metall ritten noch andere erfolgreich wie die Formation „Kiss“ („Knights in Service of Satan“), die Band AC/DC reussierte mit „Highway to hell“, „Hell Bands“ und Led Zeppelin sang „I will sing, because I live with Satan“. Andere Gruppen nannten sich gleich „Satan“. Besorgnis über die Gewalt verherrlichenden Satanssongs machte sich breit und man nahm an, dass die steigende Selbstmordrate und Kriminalität von Jugendlichen damit zusammenhing. Hypnotische Rhythmen, grausige Stimmen, esoterische Texte, diabolisches Gedankengut und Gruselriten sowie ein aggressiver Auftritt der Musiker verstärkten die Angst der Elterngeneration vor den satanischen Einflüssen der Szenemusik. Der Düsterrock fand aber ein Wiederaufleben in den 80er Jahren. Nun wurde er Black Metall genannt und gruftiges Outfit, exhibitionistische Auftritte, und okkulter Nonsens prägten diese inflationär wachsende Szene. In Kalifornien entstanden Sekten, die den Teufel in Wort und Ton ausdrücken wollten. Makabere Rituale versinnbildlichten den Hexensabbath. Dem Düsterambiente der Shows wurden jetzt noch Vampire, Geister und Totenschädel hinzugefügt. Anfang der 90er Jahre heißt diese Bewegung, die nun auch die Mode erfasst hat „Gothic Rock“, die Interpreten und deren Fans nennen sich „Psychs“ in Anlehnung an das Wort „Psychodelic“, ein Idiom, das bereits aus der Power-Flower-Zeit stammt. Bis heute behaupten Eingeweihte, würde man satanische Platten rückwärts abspielen, wären lateinische Zaubersprüche zu hören. Die kurze Geschichte der Rockmusik zeigt, dass das Interesse an den satanischen Klängen wellenartig auftritt. Manch einer sieht heute in den wummernden Wiederholungen des Technosounds das satanische Mittel der Lautwiederholung wie sie schon frühere Komponisten verwendeten.

Sadomaso-Shows zu Auftritten von Black Metall Gruppen sind Auswüchse, die nicht ungefährlich sind, da sie eine Gewaltbereitschaft demonstrieren.

Der Teufel als Kinoheld

Mit der Erfindung des Films konnte der Teufel auf neue Art dargestellt werden. Besonders der Beginn, die Stummfilmzeit, hatte in ihm ein wunderbares Werkzeug übertrieben dargestellter Gestik und plakativer Dramatik. Besieht man sich einmal die Produktionen des 20. Jahrhunderts, stellt man fest, dass es regelrechte Teufelsfilm-Wellen gab, jedoch nicht immer von gleichbleibender Qualität.

Besessen vom Film

Einer der ersten, der die neuartige Technik der „Cinematographie", 1895 erfunden von Gebrüdern Lumière, leidenschaftlich nutzte, war der Franzose Georges Méliès, der ein Jahr nach Erfindung begann, sich selbst eine Kamera zu bauen und bald darauf an die 70 Filme gedreht hatte. Viele hatten übernatürlichen Inhalt und Méliès drehte das „Schloss des Teufels", ein Gruselfilm mit schönen Frauen, in Kesseln kochenden Menschen und Skeletten, alles in Rauch und Überblendungen gehüllt. Dieses Genre bot besonders viele Möglichkeiten, technische Finessen auszuprobieren. Bald darauf filmte Méliès „Das Laboratorium des Mephistopheles", „Die Höhle der Dämonen", „Der Teufel im Konvent" und „Der gigantische Teufel". Letzterer war als Satire angelegt, schließlich wird in „Satans lustige Streiche" Méliès Teufel zum Komödianten. Diese künstlerische Darstellung des Teufels fanden in Amerika keine Nach-

Abendmahlszenen wie in den Filmen „Viridiana" (unten) und „Christo 63" (rechts), beide aus den 60er Jahren, waren beliebte Motive der Satansfilme.

ahmer, zu wenig Aktion war darin und zu viel Theatralik. Das Teufelsthema blieb also ein Lieblingssujet der europäischen Filmemacher. 1921 drehte der Däne Carl Dreyer den Film „Die Seiten des Satans" und er widmete sich bis zu seinem Lebensende dem Kampf des Guten gegen das Böse. Diese Liebe der Filmemacher zu einem so expressionistischen Thema entsprach dem Zeitgeist nach dem 1. Weltkireg. Verzweiflung, Wirtschaftskrise, die ersten Anzeichen des aufkeimenden Naziregimes – das alles erzeugte ein Interesse an den Gründen für das Böse. Fritz Lang und Friedrich Murnau, um zwei herausragende Regisseure der Zwischenkriegszeit zu nennen, nahmen sich der teuflischen Themen ebenso an. Hexen- und Vampirfilme entstanden. Filme um dämonische Frauen wie „Alraune" und „Der blaue Engel" zeigten das Interesse an mythischen Stoffen. Schließlich trat mit dem Hitlerregime eine Pause der Teufelsfilme ein, denn der Teufel herrschte in der Wirklichkeit. Ausnahmen bildeten „Die Liebe und der Teufel" (1942) und „The Devil in Hitler" (1942), abgesehen von Frankenstein und Draculaverfilmungen, also Figuren die nicht wirklich der Teufel sind, war auch nach dem 2. Weltkrieg das Interesse an Teufelsfilmen noch gering. Schließlich kommt das Thema wieder Ende der 50er Jahre auf, um schließlich in den 60er Jahren nur noch in drittklassigen Filmen vorzukommen. Doch auch da sind Ausnahmen wie „Equinox", Bunuels „Die Milchstrasse" und Fuests „Der Teufelsregen" zu nennen. Doch richtig will das Genre nicht mehr aufblühen, zu sehr sind andere Themen wie Sience-Fiction, Krimis und Fantasy in Mode gekommen. Erst in den 90er Jahren erlebte es wieder eine Renaissance, wie z. B. in der Kommödie „Die Hexen von Eastwick". Noch ein anderes Teufelsgebiet hatte filmisch Bedeutung: Die Besessenheit. 1968 drehte Polansky „Rosemary's Baby", die Geschichte einer Frau, die sich dem Teufel ergeben hatte und ein Monster gebärt. „Der Teufel" war eine Aufarbeitung des Stoffes der besessenen Nonnen von Lourdon und im Exorzist I und II entsteht Schreckenskino in Reinkultur. Neben den Teufelsfilmen blüht über all die Jahre auch die Faustverfilmung. Nicht Geringere wie Friedrich Murnau, Richard Burton und Peter Ustinov verfilmten den alten Theaterstoff. Abschließend kann man sagen: der Teufel kommt und geht im Film, verschwunden ist er nie.

Die wichtigsten, europäischen Filme mit direkter Teufelsbeteiligung sind: Georges Méliès: Das Schloss des Teufels (1896), Das Laboratorium des Mephistopheles (1896), Die Teufelshöhle (1898), Der Teufel im Konvent (1898); Ferdinand Zecca: Die sieben Schlösser des Teufels (1904); Friedrich Murnau: Satan (1919), Faust (1926); Maurice Tournier: La Maison du Diable (1941), Le Main du Diable (1942); Carl Dreyer: Dies Irae (1943); Ernst Lubitsch: Der Himmel kann warten (1943); Claude Antant-Lara: Der Teufel im Leib (1947), Marguerite de la nuit (1956); Ingmar Bergman: Das Teufelsauge (1960); Luis Bunuel: Die Milchstrasse (1968), Robert Bresson: Der Teufel höchstpersönlich (1977); Ridley Scott: Legende (1985).

Der Teufel der Moderne

Auch wenn die große Zeit der Teufelsgläubigkeit vorbei ist, gibt es immer noch Gruppierungen, die der Satansverherrlichung, aber auch dem Exorzismus nahe stehen. Unglaubliche Dinge ereignen sich in einer Welt, die dem Aberglauben abgeschworen hat. Neue Sekten entstehen, deren Riten dubios und gefährlich sind. Viele Jugendliche fühlen sich in ihrer Entwicklung zu satanistischen Formen hingezogen. Die spirituellen Bewegungen entdecken die suggestive Kraft böser Mächte. Was hat das zu bedeuten? Die Psychologie hat gerade im 20. Jahrhundert versucht, den Mythos Teufel zu erforschen, doch das Rätsel um seine Faszination bleibt bestehen.

Satanskult heute

Der heutige Satanismus hat nichts mehr gemein mit einer religiösen Ablehnung oder einer christlichen Motivierung. War der Satanismus der ersten Hälfte des 20. Jahrhundert vielleicht noch getragen von der spiritistischen Begeisterung des 19. Jahrhunderts, so hat sich die Satansbewegung nach dem 2. Weltkrieg aus anderen Wurzeln entwickelt.

Unten: Otto Mühl bewarf unter Ausrufen satanischer Flüche eine ans Kreuz gebundene nackte Frau – eine Aktionskunst, die Satan als kreativ anarchistisches Element sah.
Rechts: In dem Film „Lolita – jung und hemmungslos“ werden orgiastische Feste, dem Hexensabbat gleich, gefeiert.

Der Teufel befreit die Seele

Zu Beginn des 20. Jahrhunderts waren vor allem die Künstler vom Geist des Teufels inspiriert. Er ermöglichte „Schwarze Messen“ und damit verbundene Grenzerfahrungen. Drogen, ethische Losgelöstheit, ambivalente Sexualerfahrungen und Dekadenz waren die Motive. In den Schwarzen Messen, die vor allem in den „Goldenen 20er Jahren“ in Paris und London aufgeführt wurden, trat der sexuelle Aspekt in den Vordergrund und das Motiv der Unterhaltung. Satanismus war ein Befreiungsschlag gegen die drückende Bürgerlichkeit, gleichzeitig war es eine Abgrenzung gegen andere soziale Schichten, denn es war eine elitäre Bewegung: der Künstler, der Dandys, der Lebefrauen, der gelangweilten oberen Bourgeoisie. Man suchte nach dem 1. Weltkrieg die Schrecken des Krieges damit zu vergessen. Anders war dies nach dem 2. Weltkrieg als der Holocaust und das unmenschliche Regime unter dem lebenden Teufel Hitler ganz Europa traumatisiert und nicht nur im psychischen Sinne sondern auch physisch zerstört hat. Europa musste sich erholen. Man versuchte mit Moral wieder Sicherheit herzustellen. So wurde noch 1948 die Aufführung des Balletts „Abraxas“ von Werner Egk vom Kultusministerium in Bayern verboten, wegen sittenwidriger Szenen, die allesamt der Faustlegende entliehen waren. In Amerika hingegen hatten die spiritistischen und satanischen Sekten eine andere Entwicklung. Schon früh etablierte sich ein spiri-

tuelles Bewusstsein, das dann schließlich in den 60er Jahren die Power-Flower-Bewegung hervorbrachte. Diverse religiöse Gruppen hatten ihre Anhängerschaft. In den Weiten des Landes konnten sich die seltsamsten Gruppen ungestört entwickeln und ihren oft abartigen Neigungen nachgehen. In Europa setzte die Kulturwende mit der Studentenrevolte der 60er Jahre ein. Die Rockmusik kam auf und mit ihr der Satan in der neuen Musik. Bildende Künstler entdeckten das Satanische als Ausdrucksmittel. Enthemmt ließen sich Happenings, Aktionskunst und öffentliche Religionskritik betreiben, verfolgt wurde niemand mehr. Aber es war nicht so sehr eine Abneigung gegen das Christentum, sondern eine Auflehnung gegen das Establishment, das neben dem Staat auch von der Kirche repräsentiert wurde. Macht wurde konterkariert, entweder durch Revolten, durch brüskierende Aktionen, aggressive Texte zu teuflischer Musik, Sit-Ins mit kultischem Backround und Sexpraktiken, die sich an keine Norm mehr gebunden fühlten. Der Teufel war das Medium der Hemmungslosigkeit, das Symbol für den Anarchismus und Nonkonformismus, eine Maxime, die gerade in den 60er und 70er Jahre besonders die Jugend ansprach. Avantgardekünstler wie Otto Mühl haben in Theateraktionen das christliche Bild der Kreuzigung entweiht, indem eine nackte Frau auf dem Kreuz mit Dreck beworfen wurde. Allgemeiner Wertewandel und lockere gesellschaftliche Normen, die sich allmählich durchsetzten, machten eigentlich einen unangepassten Teufel überflüssig. Dennoch erhielt er sich, zwar ganz im Verborgenen, aber in den 80er Jahren zeigte er wieder Gesicht, vor allem in den von Anonymität geprägten Großstädten. Trotz aller Aufklärung – das Satanische ist lebendig, zumindest in den Köpfen ungezählter Fans, Besessener, Verrückter und Neugieriger.

Neben dem Teufelsglauben war auch im 20. Jahrhundert der Hexenglauben nicht auszurotten: 1944, in London wird ein Hexenprozess gegen eine Frau geführt unter Berufung auf ein Gesetz aus dem 18. Jahrhundert. Die Frau stirbt in der Haft an einem Schock. 1950, eine junge Frau versucht sich umzubringen in dem Glauben, sie sei eine Hexe. 1951, ein 19-Jähriger erschlägt seinen Großvater, weil er glaubt, dieser hätte ihm ein Magenleiden angehext, anschließend erhängte sich der Täter. 1954, eine Angestellte behauptet, aus einem Tischtuchzipfel Milch melken zu können. 1969, in Ungarn versuchen Zigeuner eine Hexe zu verbrennen. 1976, einer 23-Jährigen wird in Deutschland unter bischöflicher Aufsicht der Teufel ausgetrieben, sie stirbt unter Gebeten. 1981, ein Mutter erwürgt ihr Kind, um ihm den Teufel auszutreiben.

Psychologie des Teufelsphänomens

Okkultismus – das Wort kam zu neuer Bedeutung im ausgehenden 19. Jahrhundert. Es bedeutet „was im Verborgenen ist". Es ist auch die Zeit, in der Freud die Psychoanalyse begründet. Seine Deutungen zum Teufel haben sich im Laufe seiner Forschungstätigkeit gewandelt und das charakterisiert am deutlichsten das Phänomen des Okkultismus – er ist Zeitströmungen unterworfen, sein Aufleben ist unterschiedlich motiviert.

Gerade in Kalifornien finden immer wieder Teufelsfestivals statt. Neben den spirituellen Aspekten geht es auch darum, in der entsprechenden Verkleidung in eine andere Persönlichkeit zu schlüpfen.

Den Teufel als Teil der Seele

Für Freud war zunächst der Teufel der Inbegriff des menschlichen Gegenwillen, sei es als Symbol für die Triebunterdrückung, für die Todessehnsucht oder den Vaterkomplex. Der Gegenwille scheint ihm auch Ursache für die Hysterie und verleiht den Erkrankten den so typischen dämonischen Zug. Auch scheint ihm Teufelsbesessenheit ein Teil einer Bewusstseinsspaltung zu sein. Schließlich kommt er zu der Ansicht, dass jener kirchliche Teufel eigentlich den psychologischen Begriff des „Unterbewussten" repräsentiert – das Unterbewusste regiert den Körper, eine Umformulierung des theologischen Besessenheitsgedanken. Freud setzt den Teufel auch mit verdrängter Sexualität und der Angst vor „unkeuschen" Gedanken gleich. Freuds Deutungsversuche des Teufels sind kreisförmig, eines bedingt das andere: Triebunterdrückung wird gefolgt von Angst, von absurden Handlungen, von Todessehnsucht, von Schuldzuweisung, von Sehnsucht nach Übersinnlichkeit, von Angst vor dem Unbekannten, von Triebunterdrückung. Ein Teufelskreis, wie er auch auf heutige Satanismusauswüchse noch anzuwenden ist. Freud machte seine Analysen an der Erforschung alter Exorzistenberichte fest und er erklärt damit, warum

Nicht etwa einem frühen pornografischen Buch sind diese Zeichnungen entnommen. Von links: Ornament aus dem Raffaelzimmer im Vatikan, Skulptur an der Schottenkirche in Regensburg, zwei Wasserspeier am Bischofssitz in Sens.

der Teufel mal „positiv“ mal „negativ“ besetzt ist. Furcht und Liebe zum Teufel liegen gleich nebeneinander. Für Freud ist der Teufel eine Metapher für die kindliche Vorstellung der geschlechtlichen Vereinigung seiner Eltern, was er durch Teufelsdarstellungen belegt, die Satan mit Phallus und Brüsten zeigen. Ganz anders verhält sich die Einschätzung C. G. Jungs zum Teufel. In seiner großen Arbeit über die Phänomene des Okkultismus begreift er den Teufel als seiendes, übersinnliches Wesen, als konkrete Existenz. Gott und Teufel verwirren den Heranwachsenden. Jung, der zeitlebens das einander Entgegengesetzte zu erforschen suchte, interpretiert den Teufel als von Gott geschaffen und folgert, dass alles, was von Gott geschaffen ist, auch etwas Gutes hat. So wird negative Energie auch wieder zum Freisetzen neuer Gedanken benutzt, ist also kreativ. Der Teufel als befreiendes Element. Jung versucht ein „wo Sonne ist, da ist auch Schatten, wo Schatten ist, da ist auch Licht“-Prinzip zu erklären. Gott und Teufel als Perpetuum mobile der menschlichen Entwicklung, die gut und/oder böse, aber niemals nur eines von beiden alleine. Anders bei Besessenheit, da tritt nun diese Schattenseite vollständig zu Tage. Der Betroffene verändert sich psychisch und physisch, ist nicht mehr Herr seiner Sinne. Gründe können fehlgeleitete Ängste, frühkindliche Erfahrungen, Bewusstseinsstörungen, Labilität und akute oder latente Minderwertigkeitsgefühle sein. Die früheren Exorzismen hatten den Sinn, den „Dämon“ aus dem Körper zu treiben, mit Mitteln, die, wie man sich bei den genannten Ursachen vorstellen kann, nicht dazu beigetragen haben, den Zustand des Erkrankten zu verbessern, im Gegenteil die Ängste wurden geschürt. Heute wird Besessenheit oder „Wahn“ mit psychotherapeutischen Methoden behandelt, der Teufel ist ein klinisches Bild geworden.

Vor allem ein Begriff taucht im Zusammenhang mit dem Teufelskult immer wieder auf: der Spiritismus. Er gilt als Weltanschauung, die die Welt in eine Feinstoffliche (Engel, Teufel, Geister) und in eine Grobstoffliche (Materie, Menschen) unterteilt. Mit so genannten Medien (Kristallkugeln, medialen Menschen, Pendeln, Karten ...) wird Kontakt mit dem Jenseits gesucht, das wiederum einem Stufensystem unterworfen ist. Man erhofft sich von dem Kontakt erweiterte Erkenntnis. Der Spiritismus hat auch Erklärungshilfen in „Parawissenschaften“, die sich weitgehend der menschlichen Erkenntnis entziehen (Telepathie, Hellsehen, Parakinese, ...). Im 20. Jahrhundert begann man wissenschaftlich die paranormalen Phänomene zu erforschen und noch immer konnte nicht für alles eine Erklärung gefunden werden.

Religion, Mode, Wahn?

Es ist klar zu unterscheiden, ob es sich um Modeokkultismus, politischen, wissenschaftlichen, theologischen oder „klinischen“ Okkultismus handelt. Das Christentum entwickelte den von religiöser Angst geprägten Satanismus. Die Alchemisten bedienten sich der Teufelslehre aus wissenschaftlichem Interesse. Um Modeokkultismus handelte es sich um 1848, als man allen okkulten Handlungen reges Interesse entgegenbrachte. Als Mischung aus Kunst-, Mode- und Politiksatansimus könnten die Rocksatanisten bezeichnet weren. Als eine besonders perfide Variante dürfen wir sämtliche Diktaturen des 20. Jahrhunderts im weitesten Sinne als Satanskult erklären. Eine Zwischenform von religiös/esoterischem Glaubens- und Trendhörigkeit bildet die heutige Hingezogenheit vieler Menschen zu den Satanssekten.

Die Vielfalt der Satanssekten ist groß, allen gemeinsam ist ein Anspruch, die Auserwählteste zu sein, und nicht nur Satan als alleinigen Gott zu haben, sondern selbst Gott zu werden. Der moderne Satanismus wurde, beeinflusst von Aleister Crowley, von Anton Szandor LeVey und seiner „Satanic Bible“ begründet. Als „echte“ Sekten, gelten Thelema, OTO, Temple of Set, Church of Satan. Aussteigerberichte und Gerichtsprotokolle belegen, dass es sich durchaus um nicht harmlose Gruppen handelt, deren magische Praktiken äußerst grausam sein können. Um ihre Mitglieder werben sie, indem sie Schwachen, Obrigkeitshörigen und Machtbesessenen Geborgenheit oder Betätigung bieten. Weiter gibt es vereinzelt auftretende Satanspriester, die Friedhofsspiele, okkulte Praktiken, sexuelle Riten anbieten. Besonders im Internet gehen die Satanisten auf Mitgliedersuche. Jede Woche kann man neue „Heilsbringer“ auf ihren teuflischen Websites besuchen. Betroffene und Angehörige von ihnen können Hilfe bei den jeweiligen Sekten-Info-Stellen der Länder einholen.

Der Teufel als Idee, auszubrechen

Neben dem schon beschriebenen Kunstsatanismus, und dem Teufelsglauben einiger religiöser Gemeinschaften, der auch „ritueller Satanismus“ genannt wird, gibt es den „Neo-Satanismus“, eine Bewegung, die sich aus dem Satanismus des 17. Jahrhunderts ableitet und die Gewalt verherrlichenden Schwarzen Messen im Programm hat. Man darf nun nicht glauben, dass der Satanismus heute viele Menschen in den Bann schlagen würde. Es gibt zwar keine exakten Erhebungen, doch dürfte als gesichert gelten, dass das mediale Interesse am Satanismus weit größer als sein Auftreten ist, dennoch fasziniert das Phänomen viele Menschen. Besonders Jugendliche sind in bestimmten Entwicklungphasen am Satanismus interessiert. Meist findet diese „Mode“ ein Ende, doch wenig gefestigte Menschen, Jugendliche mit Sozialisationsproblemen und Machthungrige können in einen

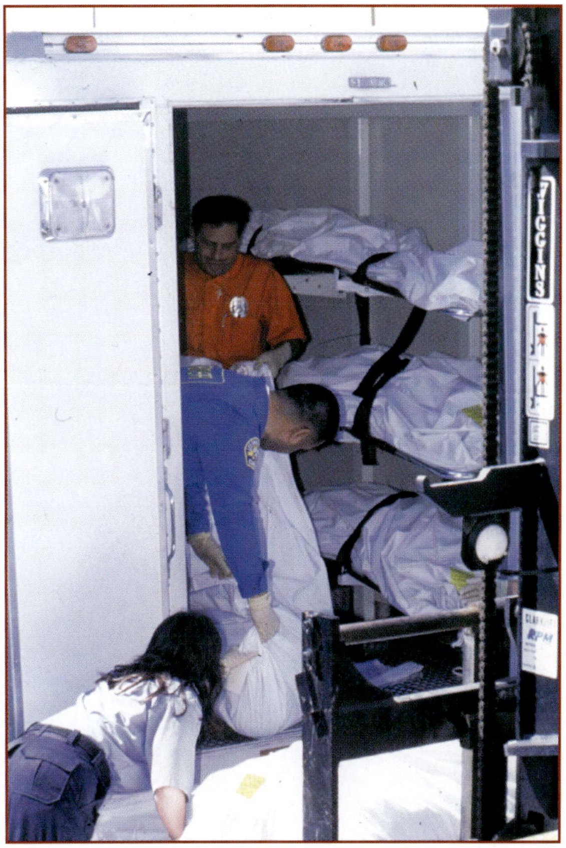

gefährlichen Sog kommen. Aleister Crowley hat diese Bewegung nicht wenig mitbeeinflusst. Sein Postulat „Tu was du willst" dient auch den heutigen Satanssekten und jugendlichen Okkultpraktikern als Protestphänomen gegen gesellschaftliche Normen. Leichenblässe, schwarzer Gruftlook, Tabudurchbrechung und Unangepasstheit sind eine Gegenbewegung zum wirtschaftsorientierten „sonnengebräunten Freizeitgeist" . Der „Teufel" selbst schafft einen „Teufelskreis". Da das Wort Teufel stark emotional besetzt ist, schafft es Aufmerksamkeit. Aus der Idee, denn der Teufel ist ein erdachtes Konstrukt, erwächst die formale Umsetzung (Lebensstil, Kleider, Gesten, Riten). In den Riten, die auch eine Gruppenzugehörigkeit erzeugen, werden Gefühle frei (Angst, Sadismus, Masochismus, Trieb). Das Erlebte muss verarbeitet werden, es kommt destabilisierend zu Hysterie, Persönlichkeitsspaltungen etc.. Als stabilisierendes Element erhält der Teufelsbündler Geborgenheit in einer Gruppe, Unterhaltung, Lustgewinn. Die Reaktion der Umwelt darauf ist Ignoranz, Hysterie, Verteufelung, oder auch Angebot zu Therapie. Da es aber meist „Ablehnung" ist, schließt sich der Kreis wieder – die Außenseiter bleiben Außenseiter. Das Gefährliche am Satansimus ist, dass er ja auf einer Idee basiert, nichts Konkretes liegt diesem Wahn zugrunde, deshalb gibt es auch keine Richtlinien, wie sich das Phänomen entwickeln könnte, weshalb es gerade im Satanismus zu Auswüchsen kommt. Würde die Erlebniswelt in einem kontrollierbaren Rahmen (Lust am Verkleiden, Eventthema) bleiben, wäre es keine Gefahr, doch gerade psychisch labile Menschen mit wenig Gruppenzugehörigkeit oder einer Erziehung, die bereits den unreflektierten Teufelglauben angelegt hat, begeben sich mit dem Satanismus in Gefahr. Aufklärung, und der Versuch, den „Teufel" bei diesen Menschen durch ein positiv kreatives Element zu ersetzen, sind mit Sicherheit Möglichkeiten zu helfen – die größte Gefahr droht jedoch von Sekten, und nicht nur derer, die sich des Satanismus bedienen, denn sie reißen die Anhänger völlig aus ihrer kontrollierenden Umgebung und können mittels psychischen Drucks Persönlichkeitsbrüche erzeugen.

Oben: Die Sekte „Heaven's gate" aus San Diego zwang in den 90er Jahren 39 ihrer Mitglieder zum Massenselbstmord.
Links: Im Hexenmuseum Burton-on-Water ist der Schwarze-Messen-Altar der Tenat-Sekte ausgestellt.

Hitlers Regime des Teufels

Hitlers Weltbild setzte sich aus Versatzstücken verschiedenster esoterischer Richtungen zusammen. Getragen von einer Anhängerschar konnte er seine Macht innerhalb weniger Jahr ausbauen – bis zur völligen Diktatur durch den Teufel in Person.

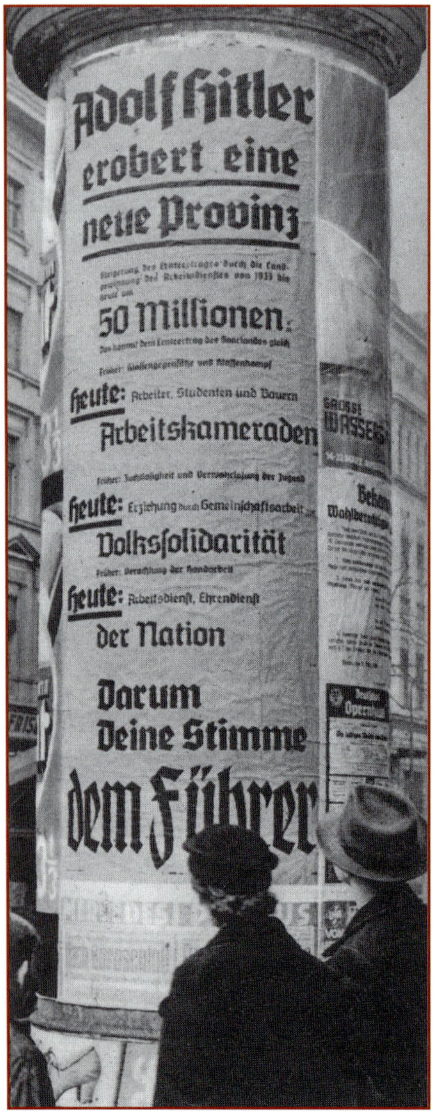

Hitlers Regime hat unvorstellbar grausam gehandelt, die Frage ist wie es zu eine solchen Anhängerschaft kommen konnte, wie Hitler es schaffte, den Großteil einer Nation zu „behexen" und die Bereitschaft zur Gewalt und Hass zu säen. Betrachtet man Hitlers Lebenslauf, dann sind die Verbindungen zum Okkultismus in seiner Biografie augenfällig und wenn man es zynisch ausrücken will, hat er eine hohe Stufe als Satanspriester erreicht – Unzählige ordneten sich unter oder mussten sich seiner Weltsicht unterordnen, die von okkultem Gedankengut durchdrungen war.

Der Teufel in Person

Als 1907 Hilter als angehender Kunstschüler nach Wien kam, begegnete er einer Stadt, die den Todeshauch der endenden Monarchie ausströmte. Wien war auch die Hauptstadt der Seelenforschung unter Sigmund Freud, und sie war Mittelpunkt antirationalistischer Geheimbünde, okkultistischer Zirkel und Logen. Besonders die aus den Freimaurern erwachsenen Bünde, Rosenkreuzer und neue Templer Orden (OTO) hatten Zulauf. Die Mitglieder hatten engen Kontakt zu anderen Bünden in London und Paris. Aleister Crowley war wohl bekannt und auch Madame Blavatsky. Beide verkörperten den Typus des spiritistischen Weltokkultisten, beide unternahmen Reisen nach Tibet, wie so viele andere auch, um dort die alten Sanskritlehren der Arier zu studieren, die eine Lichtherrschaft über eine Schattenwelt propagierten. Hitlers Gedanke vom Herrenmenschen hatte hier seine Heimat, denn er hatte in Wien Verbindungen zu den Geheimbünden, die neben den arischen Ideologien, Tantra und Sexualmagie lehrten. Hitlers Neigung zu Magie und Satanismus brachten ihn zu der Ansicht, dass das Helle über dem Dunklen stehe, seine Rassenlehre nahm hier ihren Ursprung. Hinzu kam eine Bereitschaft der Geheimbünde zur Gewalt – denn sie war zur Durchsetzung einer höheren Sache „erlaubt". Dies alles fiel bei Hitler auf fruchtbaren Boden. Hitler bekämpfte seinen

Minderwertigkeitskomplex mit Machthunger und erschuf aus einem Gemisch fernöstlicher Lehren, transformiertem Geheimbunddenken und mittelalterlicher Magie ein Konstrukt, das ihm auch die „Erkenntnis“ gab, dass die wahre Kunst der Volkverführung, das Schaffen eines einzigen gemeinsamen Feindes sein musste. Ein weiterer Ideengeber Hitlers war der aus Kleinasien stammende Magier und Esoteriker Ivanowitsch Gurdjieff, der in zahlreichen Tibetreisen historische Sanskrittexte studierte und eine Lehre und ein Institut nahe Paris begründete. Er betrachtete den Menschen als „schlafend“, nur durch „Stoßen“ könne er wach gerüttelt werden, ein Arbeiten in Gruppen, die Hörigkeit an einen Meister sei dazu unabdingbar und manche seien zum Führen auserkoren. Hitler hatte reges Interesse an den Mythen der Welt, vor allem an untergegangenen Kulturen und Überwesen. Die gefallenen, weißhäutigen Engel des Buchs Henoch interpretierte er als Arier, die sich mit den dunklen Völkern mischten. Sein Ziel war es wieder den Urzustand der „Reine und des Lichts“ zu erreichen. In seinem Ideologisierungswahn alter Mythen begegnete er auch Thule, der Hauptstadt des arischen Atlantis, einer verlorenen Welt des Ursprungs. Auch die Kelten und Germanen beschrieben jenes Paradies, das den Gralsmythos meint. Hitler, von sich überzeugt, ein Heilsbringer zu sein, wollte den „neuen Menschen“ schaffen. Gewalt war „legales“ Mittel, denn bestehende Moralvorstellungen galten nicht mehr, da sie von „minderwertigen“ Menschen geschaffen waren. So langsam ahnt man, wie es zu Hitlers Gewaltmaschinerie kam. Er setzte ein primitives, aber wirkungsvolles Mittel ein, um die Menschen zu ködern: das Versprechen besser und auserwählt zu werden, die Möglichkeit Macht ausüben zu dürfen und ein Feindbild zu haben: der alte Antisemitismus, der schon den Inquisitoren des Mittelalters diente, um die Teufelsfurcht zu schüren, wurde wieder entdeckt. Die Thule-Gesellschaft wurde gegründet, wer in ihr Aufnahme fand, war „erwählt“. Es war die Kernzelle des Nazitums, sie brachte Hitler als ihren Großmeister hervor, denn er war magiebesessen genug, ihre Pläne durchzusetzen. Die als Geheimbund konzipierte esoterische Gesellschaft war ein typisches Produkt dieser Zeit, zusammen mit der politischen Situation Europas in den 10er und 20er Jahren des 20. Jahrhunderts war sie der Sprengstoff für den großen Völkermord.

Die Thule-Gesellschaft wurde von Rudolf Freiherr von Sebottendorf (geb. 1875) gegründet. Er soll bürgerlich Erwin Torre geheißen haben und wurde, bevor er 1917 nach Deutschland kam, in der Türkei adoptiert und mit Geldmitteln versehen. Davor war er in Ägypten und kam reichlich in Kontakt mit Magie. In Deutschland hatte er dank Adelstitel rasch Zugang zu den herrschenden Klassen und impfte sie sukzessive mit antisemitischem Gedankengut und arischer Esoterik. Er propagierte, dass ein guter Führer die Verhältnisse ändere und Sinn des Ordens war es, herauszufinden, wer sich der Sache würdig erweise. Mit dem Aufnahmeantrag hatten die Bewerber ein Blutsbekenntnis abzugeben, dass in ihnen kein jüdisches und farbiges Blut fließe. Danach erhielten sie mit Hakenkreuz versehene Fragebögen. Mitglieder waren: Julius Streicher, Rudolf Heß, Adolf Hitler, Heinrich Himmler, Hermann Göring u.v.a. die später dem Nazireich vorstanden. Aus der Thule-Gesellschaft ging die NSDAP hervor. Sebottendorf wurde 1946 tot aus dem Meer gefischt.

Dort „lebt" der Teufel heute

In den 80er Jahren des 20. Jh. machte der Satanismus erneut Schlagzeilen, aber nicht etwa durch Rockmusik oder heimliche Exorzismen oder in ländlichen Gebieten durchgeführte Hexenjagden. Nein, eine der modernsten Industriestädte Italiens gilt als Brutstätte des Satanismus, an die 40000 Menschen sollen in der Millionenstadt Turin Satansanhänger sein. Die katholische Kirche legt dort Sonderschichten der Exorzie ein und die Exorzisten werden von Psychologen assistiert.

Immer wieder haben Ereignisse im Zusammenhang mit dem Satanismus dazu geführt die Öffentlichkeit auf dieses eher versteckte Phänomen aufmerksam zu machen. Neben der Massenhysterie von Turin, waren es vor allem die Morde des Charles Manson, einem grausamen Satanssektenführer, der seine Mitglieder dazu anstiftete, Morde zu begehen. Sein wohl berühmtestes Opfer war die Frau des Regisseurs Roman Pollansky, Sharon Tate, die er 1969 zusammen mit ihren Freunden in ihrem Haus in Kalifornien ermordete. Zu diesem Zeitpunkt erwartete Sharon Tate ein Kind. Roman Pollansky hatte kurz davor den Film „Tanz der Vampire" gedreht.

Szenestädte

Warum Turin? Grund liegt vielleicht darin, dass sich die esoterische Tradition Turins bis in die römische Antike verfolgen lässt. Der Überlieferung nach soll dort der „Antichrist" geboren worden sein. In ganz Norditalien soll es 50000 Anhänger von Satanssekten geben, in Turin haben sich zahlreiche Gebetsgruppen gefunden, die gegen die teuflische Macht anbeten. 1981 hatten sich tausende Menschen in Turin an die Kirche gewandt, um exorziert zu werden. Der Erzbischof Anastasio Ballestrero wand sich daraufhin an die Öffentlichkeit und setzte sechs neue Pfarrer als Exorzisten ein. In Insiderkreisen wusste man längst um die satanische Stadt. Nach Ballestreros Veröffentlichung nahmen die journalistischen Beiträge zum Teufel in Turin zu, der Teufel war zum medialen Ereignis geworden, wissenschaftliche Untersuchungen nahmen sich des okkulten Phänomens an. Schließlich war es medienwirksam, wenn im Friedhof San Pietro oder im Pantheon der Bela Rusin jahrelang derart viele satanische Riten durchgeführt wurden, dass man die Stätten schließen musste. Schwärzester Ort allerdings ist die Piazza Statuto nahe dem Kino Statuto, das zu zweifelhafter Bekanntheit kam, als im Karneval 1983 eine Brandkatastrophe ausbrach mit unbekannter Ursache. Auch das Ägyptische Museum gilt als Ort der Teufelsanbeter. In der Umgebung von Turin finden sich zahlreiche

Hexenkulte und mythische Riten sind heute wieder in Mode gekommen. Die Hexenszene ist äußerst lebendig und auch der Satanskult hat eine geheime und gar nicht geringe Anhängerschar. Die „Witches of Salem" – hier bei der Zeremonie der aufgehenden Sonne – orientieren sich in ihren Ritualen an ägyptischen und keltischen Überlieferungen.

schwarze Orte, die das Zeichen des Teufels tragen, wie die Brücke über die Stura im piemontesischen Lanzo, die durch einen Teufelsabdruck zu beiden Seiten geprägt ist. Turin bildet zusammen mit Lyon und Prag das sogenannte magische Dreieck und gilt mit San Franzisco und London als die wichtigste Stätte von Satansanhängern. Turin ist deshalb in diesem Verbund herausragend, denn es soll mit Prag und Lyon ein „Dreick der Weißen Magie" also des „guten" Zaubers bilden, während es mit London und San Franzisco das Dreieck der Scharzen Magie bildet und Schadenszauber produziert. In Turin sind der Satanismus und die Magie Alltag. Magier werben mit Straßenreklame, Okkultismus kommt mit dem Regionalsender abends ins Haus. Junge Mädchen werden Opfer von Schwarzen Messen, Totenschädel werden aus Gräbern geklaut, religiöser Wahn ist Tagesordnung. Wenn sich der Teufelsglaube einmal breit gemacht hat, lässt er sich schlecht verscheuchen, fast könne man angesichts einer Häufung wie in Turin an ihn glauben, aber vergessen wir nicht: der Teufel entsteht durch die Einbildung, Phantasie ist ansteckend und das Bedürfnis nach Unerklärlichem und die Lust am Grusel sind beim modernen Menschen so lebendig wie zu allen Zeiten.

Schlusswort

Der Teufel ist tot, es lebe der Satanismus, so könnte man wohl den Zustand beschreiben, den das Phänomen „Teufel“ heute darstellt. Immer noch übt das Wort seine Faszination und seinen Schrecken aus, der Teufelskult ist ein Konstrukt, das mit emotionalen Inhalten gefüllt werden kann – im positiven wie im negativen Sinne. Die katholische Kirche hält nach wie vor an der Existenz des Teufels fest. Durch die Esoterik, die sich in den letzten Jahren zu einer weltweit erfolgreichen Massenbewegung entwickelt hat, wurde auch wieder das Augenmerk auf alte mythische Traditionen, ethnische Besonderheiten der Spiritualität und paranormale Phänomene gelenkt. Diese Entwicklung ist Fluch und Segen zugleich. Auf der einen Seite führt eine Hinwendung zur Spiritualität zu höherem Bewusstsein und mehr Sensibilität, sich und der Umwelt gegenüber, auf der anderen Seite sind auf diesem Gebiet auch Scharlatanen Tür und Tor geöffnet. Grundsätzlich gilt deshalb: Offenheit für alles Neue mit einer gesunden Portion kritischem Verstand zu ergänzen, alte Traditionen wiederzuentdecken, aber sie in ihrem historischen Kontext zu sehen und sektiererische Bewegungen aus schützender Entfernung zu beobachten, denn – das Teuflischste, die schattigen Fantasieregionen der Seele, stecken im Menschen selbst!

Claire Singer

Quellen

Literaturnachweis:

Agoston Tom: Teufel oder Technokrat. Hitlers graue Emminenz. Berlin, Bonn, Herford 1993

Behringer, Wolfgang (Hrsg.): Hexen und Hexenprozesse in Deutschland. München 2000.

Bonsen, Elmar zur/Glees, Cornelia: Geheimwissen des Mittelalters. München 2000.

Carmin E.R. : Guru Hitler. Die Geburt des Nationalsozialmus aus dem Geiste von Mystik und Magie. Zürich 1985.

Claret, Bernd J.: Geheimnis des Bösen. Zur Diskussion um den Teufel. Innsbruck/Wien 1997.

Constable, Nick: Atlas der Archäologie. Augsburg 1999.

Crispino Anna Maria / Giovannini Fabio / Zatterin Marco: Das Buch vom Teufel. Geschichte/ Kultur/ Erscheinungsformen. Bindlach 1991.

DiNola, Alfonso: Der Teufel: Wesen, Wirkung, Geschichte. München 1990.

Haak Friedrich-Wilhelm : Satan-Teufel-Luzifer. Alter Aberglaube – neuer Satanskult. München 1987.

Keyes Beecher, Nelson: Vom Paradies bis Golgatha. Stuttgart 1964.

Kölb, Konrad: Kölbl's Kräuterfibel. Kölb, München 1995.

Messadié, Gerald: Teufel, Satan, Luzifer. Universalgeschichte des Bösen. Frankfurt am Main 1995.

Mühr, Alfred: Mephisto ohne Maske. Gustaf Gründgens. Legende und Wahrheit. München, Wien 1981.

Paech, Joachim: Literatur und Film: Mephisto. Frankfurt am Main, Berlin, München 1984.

Pavese, Armando: Handbuch der Parapsychologie. Augsburg 1992.

Rausch, Ulrich/Türk, Eckard: Geister-Glaube. Düsseldorf 1991.

Scherf, Dagmar: Der Teufel und das Weib. Eine Kulturgeschichtliche Spurensuche. Frankfurt am Main 1990.

Wolf, Hans-Jürgen: Hexenwahn und Exorzismus. Kriftel i. Taunus 1980.

Wolf, Hans-Jürgen: Hexenwahn. Hexen in Geschichte und Gegenwart. Herrsching 1990.

Bildnachweis:

AKG Berlin: 12/13: „Römischer Liebeszauber“, 1848 von Johann Erdmann Hummel (1769–1852), 27, 36/37: „Der Sündenfall“, Merian, Matthäus d.Ä. (1625/27), 57, 73, 85, 93, 96/ 97: Symbolische Darstellung des mittelalterlichen Weltbildes (1888); 119, 126/127: „Die Hölle“ nach Hieronymus Bosch;

Chr. Rehbach: 16, 19, 20, 22, 24

Dr. Elmar Gruber: 18, 21, 23, 25, 31, 33, 35, 51, 90, 91, 103, 104, 107, 113, 114, 125

Fortean Picture Library: 63, 131, 132, 139

Bildarchiv Preussischer Kulturbesitz, Berlin: 66/67: „Das Weltgericht“ Mitteltafel des Weltgerichtsaltars aus der Laurentiuskirche in Köln von Stephan Lochner (1440–45)

Agentur Focus, Hamburg: 75

Das Fotoarchiv: 133, 141, 148, 155

pwe Kinoarchiv Hamburg: 144/145: The devil and the Max Devlin, 147